Cheyennes Lieblingshund
KALLE
meine beste Freundin
Cheyenne Wawrceck
Lotta Petermann
Cheyennes kleine Schwester
Chanell Wawrceck
meine Mama
Sabine Petermann
mag Ajudingsbums-Gekoche
meine indische Blockflöte
Paul Kohlhase
WK
Mitglieder unserer Bande:
DIE WILDEN KANINCHEN
kommt aus Frankreich
Rémi Dubois
Rainer Petermann
mein Papa
Lehrer
meine Blödbrüder
Zwillinge nämlich
Jakob und Simon Petermann
Heester ist im Hyper... äh Winterschlaf.

Alice Pantermüller
Daniela Kohl

Mein Lotta-Leben

Immer dem Panda nach

Weitere Bücher von Alice Pantermüller im Arena Verlag:

Mein Lotta-Leben. Alles voller Kaninchen (1)
Mein Lotta-Leben. Wie belämmert ist das denn? (2)
Mein Lotta-Leben. Hier steckt der Wurm drin! (3)
Mein Lotta-Leben. Daher weht der Hase! (4)
Mein Lotta-Leben. Ich glaub, meine Kröte pfeift! (5)
Mein Lotta-Leben. Den Letzten knutschen die Elche! (6)
Mein Lotta-Leben. Und täglich grüßt der Camembär (7)
Mein Lotta-Leben. Kein Drama ohne Lama (8)
Mein Lotta-Leben. Das reinste Katzentheater (9)
Mein Lotta-Leben. Der Schuh des Känguru (10)
Mein Lotta-Leben. Volle Kanne Koala (11)
Mein Lotta-Leben. Eine Natter macht die Flatter (12)
Mein Lotta-Leben. Wenn die Frösche zweimal quaken (13)
Mein Lotta-Leben. Da lachen ja die Hunde! (14)
Mein Lotta-Leben. Wer den Wal hat (15)
Mein Lotta-Leben. Das letzte Eichhorn (16)
Mein Lotta-Leben. Je Otter, desto flotter (17)
Mein Lotta-Leben. Im Zeichen des Tapirs (18)
Mein Lotta-Leben. Hier taucht der Papagei (19)
Mein Lotta-Leben. Alles Bingo mit Flamingo! (Buch zum Film)
Mein Lotta-Leben. Alles Tschaka mit Alpaka! (Buch zum Film 2)

Linni von Links. Sammelband. Band 1 und 2
Linni von Links. Sammelband. Band 3 und 4

Poldi und Partner. Immer dem Nager nach (1)
Poldi und Partner. Ein Pinguin geht baden (2)
Poldi und Partner. Alpaka ahoi! (3)

Die außergewöhnlichen Fälle der Florentine Blix. Tatort der Kuscheltiere (1)
Die außergewöhnlichen Fälle der Florentine Blix. Geheimakte Flaschenpost (2)
Die außergewöhnlichen Fälle der Florentine Blix. Die Rache des Seesterns (3)

www.mein-lotta-leben.de

Alice Pantermüller

wollte bereits während der Grundschulzeit „Buchschreiberin" oder Lehrerin werden. Nach einem Lehramtsstudium, einem Aufenthalt als Deutsche Fremdsprachenassistentin in Schottland und einer Ausbildung zur Buchhändlerin lebt sie heute mit ihrer Familie in der Lüneburger Heide. Bekannt wurde sie durch ihre Kinderbücher rund um „Bendix Brodersen" und die Erfolgsreihe „Mein Lotta-Leben".

Daniela Kohl

verdiente sich schon als Kind ihr Pausenbrot mit kleinen Kritzeleien, die sie an ihre Klassenkameraden oder an Tanten und Opas verkaufte. Sie studierte an der FH München Kommunikationsdesign und arbeitet seit 2001 fröhlich als freie Illustratorin und Grafikerin. Mit Mann, Hund und Schildkröte lebt sie über den Dächern von München.

Arena

Alice Pantermüller

MEIN LOTTA-LEBEN

Immer dem Panda nach

Illustriert von Daniela Kohl

Für alle Gewinnerinnen
unseres Titeltier-Gewinnspiels!
Panda: Sofia, Yola, Anita,
Lilli, Lene, Elina, Lia, Frieda
Bernt der Hamster: Selma (Figur und Idee)
Haino der Hai: Hannah (Figur und Idee)

Und für alle Kinder, die die unglaubliche Idee hatten, das AXOLOTL als Titeltier vorzuschlagen!

Alice und Daniela

Arena
Ein Verlag in der
westermann GRUPPE

MIX
Papier aus verantwortungsvollen Quellen
FSC® C110508
FSC www.fsc.org

1. Auflage 2024

Einband, Satz und Illustrationen: Daniela Kohl
Gesamtherstellung: Westermann Druck Zwickau GmbH
Printed in Germany
ISBN 978-3-401- 60653-8

Besuche den Arena Verlag im Netz:
www.arena-verlag.de

MONTAG, DER 18. DEZEMBER

Heute ist was TOLLES passiert!

Also, was richtig

TOTAL-COOL-SUPERTOLL

TOLLES!!!

Dabei hat der Tag zuerst **blöd** angefangen. Wahrscheinlich, weil er sich gar **nicht** weihnachtlich angefühlt hat, obwohl nächsten Sonntag doch schon Heiligabend ist:

- Es hat den ganzen Tag **geregnet**.
- Ich hatte Kaugummi mit **ROSENKOHLGESCHMACK** in meinem Adventskalender (auch wenn da KIWI draufstand).
- Ich musste zur **Schule.**

- Paul und Rémi haben irgendein **Geheimnis,** das sie Cheyenne und mir **nicht verraten. Und dabei sind wir doch EINE BANDE!** → DIE WILDEN KANINCHEN! ←
- Meine Plätzchen sind **verbrannt.**

Nachmittags wollte ich ganz gemütliche Weihnachtsplätzchen backen, und zwar zusammen mit meiner **allerbesten FREUNDIN CHEYENNE.** Leider war sie mit ihrer Mami und ihrer Schwester Chanell in der Stadt, weil die neue Stiefel brauchte und Cheyenne gehofft hat, auch welche abzukriegen.

Und Mama wollte mir auch nicht helfen. Sie hat lieber mit meinen **Brüdern** zusammen so einen komischen Weihnachtsfilm geguckt. **Menno.**

Deshalb hat das Backen gar nicht so richtig Spaß gemacht.

Ich war echt froh, als diese ganzen ausgestochenen Sterne, Weihnachtsmänner und Elche endlich im Ofen lagen.

Danach bin ich erst mal in mein Zimmer gegangen und hab Cheyenne eine Nachricht geschrieben. Damit sie mich aufheitert.

Leider hatte sie noch viel schlechtere Laune als ich. Und zwar weil ihre Mami ihr **keine Stiefel** gekauft hat.

Sooo fies hat sie getextet. Ich will auch!!!

Da wollte ich ihr was Nettes schreiben. Mir ist bloß nichts eingefallen.

Ich war noch am Überlegen, als es plötzlich voll **verbrannt** gerochen hat.

Sofort bin ich aufgesprungen und die Treppe runtergerannt – aber es war schon **zu spät:** In der Küche war es total neblig und aus dem Backofen kam ganz schön viel Rauch raus.

Schnell hab ich das Fenster aufgerissen

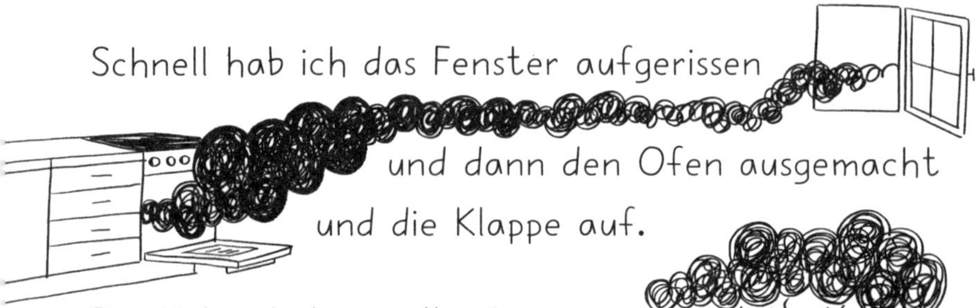

und dann den Ofen ausgemacht und die Klappe auf.

Die Kekse haben voll **schwarz** und **knusprig** ausgesehen. **MENNO.**

Dann hab ich die Haustür gehört.

Oje, nicht auch noch PAPA!

Der meckert nämlich gern mal rum, wenn er was nicht gut findet. Stinkigen Nebel in der Küche zum Beispiel.

Hektisch hab ich angefangen, mit den Händen zu flattern wie ein Vogel, damit der Rauch schneller aus dem Fenster wedelt.

Aber da stand Papa schon in der Tür.

Was ist hier denn los?

Er hat geschnuppert und hoch zu den Nebelschwaden an der Decke geguckt.

Kekse verbrannt?

Dann hat er gekichert. Also, das fand ich jetzt etwas seltsam. 

Aber vielleicht war er ja gerade auf einer Weihnachtsfeier gewesen, mit Spekulatius und Glühwein, und deshalb lustiger als normal.

Jedenfalls hat Papa kein bisschen rumgemeckert. **„Komm mit ins Wohnzimmer“**, hat er nur gesagt und mich aus der Küche gewunken.

Ich habe eine tolle Überraschung!

Eine tolle Überraschung? Plötzlich wurde mir ein bisschen **kribbelig** im Bauch.

In diesem Moment ist Mama in der Küchentür aufgetaucht. **Was ist denn hier los?** hat sie entsetzt gerufen und in den Nebel geschaut.

Doch Papa hat sie gleich wieder an den Schultern rausgeschoben. Es hat geklappt, Sabine hat er fröhlich gesummt.

Es hat geklappt! Und jetzt erzählen wir es den Kindern.

Er hat die Küchentür hinter uns zugemacht und im Flur weiter gesummt. ♪♫♪ ♩ Ich war sofort noch **aufgeregter.** Ob heute doch noch was **GUTES** passieren würde?

Auch Mama sah jetzt ganz vergnügt aus.

Oh, Rainer! Wirklich? Das ist ja wunderbar!

hat sie gequietscht.

Ich hab meine Hände auf den Bauch gedrückt, weil mir vor Aufregung jetzt fast schon ein bisschen **SCHLECHT** war. Eltern finden nämlich häufig **andere Sachen** wunderbar als ihre Kinder.

Mir war also ein bisschen **KOMISCH** zumute, als ich hinter Mama und Papa ins Wohnzimmer gegangen bin, wo meine **BRÜDER** vor dem Fernseher saßen und das

QUINN-UND-DUCKFACE-RETTEN-DIE-GALAXIE-
Weihnachtsspecial

geguckt haben.

Jakob und Simon waren auch erst mal nicht so begeistert. Menno! Wir wollen das zu Ende sehen!

hat Simon geschimpft, als Papa die Fernbedienung vom Tisch genommen hat, um den Ton von **QUINN UND DUCKFACE** auszuschalten.

Jakob hat nur Blödpapa  gemurmelt.

Aber nicht mal das konnte Papa die Laune verderben. Er hat sich nur gegen den Esstisch gelehnt und gegrinst. So, als wollte er es besonders spannend machen. Ich hab mich zu den Jungs aufs Sofa gesetzt. Und genau da ist mir was wirklich **TOLLES** eingefallen:

ANTON! Mein allerliebster Lieblingshund

Hatten Mama und Papa sich vielleicht endlich entschlossen, ihn aus dem Tierheim zu holen und ihm ein schönes Zuhause bei netten, tierlieben Leuten zu geben? Nämlich bei uns? **Bei MIR?**

Plötzlich war ich wieder sehr **aufgeregt.**

Doch Papa hat sich absichtlich Zeit gelassen, glaub ich.

hat er angefangen zu erzählen, und zwar voll l a n g s a m.

Wer? hat Simon gefragt und Jakob angeguckt.

Leider wusste ich im ersten Moment auch nicht, wen Papa meinte – auch wenn mir der Name bekannt vorkam.

Jedenfalls ging es nicht um Anton.

… und ihr Mann Tom werden Ende des Jahres nach Europa reisen. Genauer gesagt: nach **FRANKREICH**.

Mit einem Mal wusste ich wieder, wen Papa meinte:

sind nämlich die Eltern von meinen beiden Cousinen, die in **AUSTRALIEN** leben!

Kommen Amelia und Olivia auch mit? hab ich schnell gefragt.

Ja, natürlich. Papa hat gegrinst. Sie haben ein großes Haus gemietet. Mit vielen Zimmern. Uuund … wir werden sie besuchen. Über Silvester!

WAAAS? hab ich geschrien und bin vom Sofa gesprungen.

Ich war nämlich plötzlich voll **zappelig** in den Beinen und auch sonst überall.

Echt? Ist das wirklich wahr? Wir besuchen Amelia und Olivia? **Schon so bald?**

Ja! Ist das nicht toll? hat Mama gerufen. Sie hat sehr vergnügt ausgesehen und ich hab genau erkannt, dass sie uns nicht veräppeln wollte.

Oooh, Mama!

Ich bin ihr um den Hals gefallen. Und zwar weil ich meine Cousinen total gerne mag.

Olivia ist zwar noch klein, aber Amelia ist ungefähr so alt wie ich und wir haben uns erst einmal gesehen, zur *Goldenen Hochzeit* von Oma und Opa, und das war sooo schön!

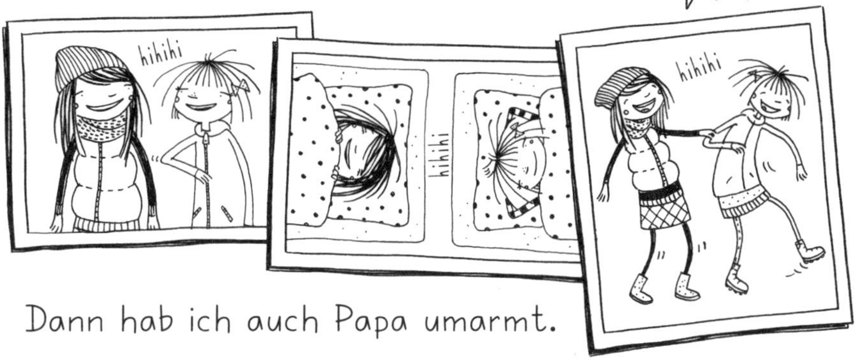

Dann hab ich auch Papa umarmt.

Ich freu mich ja so! Plötzlich war es gar nicht mehr schlimm, dass es draußen immer nur regnete und meine Weihnachtskekse verbrannt waren.

Meine **Blödbrüder** haben allerdings schon wieder nach der Fernbedienung geschielt.

Können wir jetzt **QUINN UND DUCKFACE** weitergucken? hat Jakob gefragt.

Eine Minute später haben sie wieder ihren dämlichen Film gesehen. Aber ich war so aufgeregt, dass ich Amelia sofort eine Nachricht schreiben wollte.

Papa hat mich allerdings erst mal wieder in die Küche geschickt.

Vorher entsorgst du die Briketts im Backofen. Aber pass auf, das Blech ist bestimmt noch heiß

hat er voll gut gelaunt gesagt.

Och nö hab ich geantwortet, aber dabei gegrinst.

Es hat mir nicht mal mehr was ausgemacht, in die kalte und **stinkende** Küche zu gehen und die **verkokelten Kekse** wegzuschmeißen.

Weil ich meine Cousinen wiedersehen würde.

Amelia und Olivia!

In FRANKREICH!

Wir würden jede Menge **Spaß** zusammen haben und ganz viele **aufregende Ausflüge** machen und **spannende Sachen** erleben!

Das war einfach sooo TOLL!

DIENSTAG, DER 19. DEZEMBER

Natürlich musste auch Cheyenne die **NEUIGKEITEN** hören. Und ich war mir sicher, dass sie die überhaupt **nicht gut** finden würde. Weil sie nämlich in den Weihnachtsferien nie verreist und bestimmt am liebsten was mit mir zusammen machen wollte, so wie sonst auch.

Als wir uns vor der ersten Stunde mit Paul und Rémi auf dem Schulhof getroffen haben, war sie sowieso noch ein bisschen **stinkig**, wegen gestern.

Mann, ey. Voll fies, dass Chanell Stiefel kriegt und ich nicht. Aber Mami sagt, ihre sind zu klein geworden.

Sie hat geschnaubt.

Vielleicht kriegst du die ja zu **Weihnachten.** So als **Überraschung**

hab ich gesagt, um sie ein bisschen aufzuheitern, bevor ich von der Reise erzähle. Cheyenne hat ausgesehen, als müsste sie erst mal ein bisschen darüber nachdenken.

Und als sie damit fertig war, hab ich ganz schnell von **FRANKREICH** erzählt. Dabei hab ich mich fast nicht getraut, sie anzugucken. Lieber hab ich auf Rémis Schuhe  geschaut.

Oooh, welsch schöner Botschaft!

hat er gerufen und seine Augen haben geleuchtet.

So du fahrst ssu France in Ferien – und isch auch und Paul auch!

WAAAS?

Erstaunt hab ich mich zu Paul gedreht. Weil ich davon ja noch gar nichts wusste.

Ja.  Auch Paul hat gestrahlt.

Seit gestern steht es fest, dass ich Rémis Familie nach Weihnachten besuche. Ich werde bei seinem Cousin Yann wohnen. Und wenn ich wiederkomme, ist mein **FRANZÖSISCH** bestimmt viel besser. Ssasseraschuett!

Also, ganz ehrlich, da hab ich mich erst recht nicht mehr getraut, Cheyenne ins Gesicht zu schauen. Weil ich auch schon so gemerkt hab, dass sie fast geplatzt ist vor **Stinkigkeit**. Sie hat ihre Hände zu Fäusten geballt und geschnauft wie ein Wildschwein.

Schuett pupett hat sie dann gefaucht. **Hallo?** Und was ist mit mir? Ich dachte, ihr seid meine Freunde! Und jetzt fahrt ihr alle nach Frankreich und lasst mich **alleine** hier? **Das ist ja so was von MEGAFIES!**

Da hab ich mich natürlich voll schlecht gefühlt.

Oh Mann, das tut mir echt …

Und dann bin ich die ganzen Weihnachtsferien alleine zu Hause und ihr seid in **PARIS** und könnt jeden Tag shoppen gehen! hat sie gejammert. **Sooo mies!**

Rémi hat den Kopf geschüttelt und ihr eine Hand auf den Arm gelegt.

Meine Großeltern und Familie von meine Cousin leben nischt in Paris. Wir reisen ssu Sangfilibärdögrangliö.

Pfff. Ist doch egal. Jedenfalls ...

hat Cheyenne geschimpft, Rémis Hand abgeschüttelt und die Arme vor der Brust verschränkt.

Aber dann hat sie nicht weitergeredet und plötzlich ganz **TRAURIG** ausgesehen. So, als müsste sie gleich weinen.

Da wusste ich erst recht nicht mehr, wie ich sie trösten konnte. Mein Herz hat sich plötzlich ganz **klumpig** angefühlt.

Schnell hab ich sie umarmt.

Ich will auch mit

hat sie ganz

leise geschluchzt.

Keiner hat was gesagt.

Es hat bloß wieder angefangen zu nieseln.

Und Cheyenne hat gegen meine Schulter geschnieft. Ich wusste immer noch nicht, was ich sagen sollte. Trotzdem hab ich einfach losgeredet.

Vielleicht kannst du ja mitkommen. Ich frag Mama und Papa ... ach nee, am besten zuerst mal nur Mama. Wenn das Haus in Frankreich wirklich so groß ist, dann ist da bestimmt auch noch Platz für dich.

Cheyenne hat gejault.

Aber in euer Auto passen doch bloß fünf Leute ...

Ihr könntet fliegen hat Paul vorgeschlagen. Ich glaub, er wollte Cheyenne auch helfen, was ich echt nett fand.

Trotzdem musste ich ihm erklären, dass das voll schlecht für die Umwelt ist.

Meine Eltern wollten sowieso mit dem Auto fahren. Das hatten sie gestern Abend schon besprochen.

Ich fahr bei euch im Kofferraum mit!

Cheyenne hat laut aufgeheult.

Leider gingen in diesem Moment die **LÄMMER-GIRLS** aus unserer Klasse an uns vorbei. Sie haben ihre Köpfe zu uns gedreht und blöd gekichert.

Das war aber auch wirklich keine so gute Idee.

Da sind ja schon die Koffer drin

hab ich erklärt, während mir der Regen in den Nacken getröpfelt ist.

Renta Ka! hat Rémi dann plötzlich mit funkelnden Augen gerufen.

Das macht er manchmal. Irgendeinen Unsinn dazwischenrufen, weil er nicht versteht, worum es gerade geht, meine ich.

Aber zum Glück hatte Paul da voll die gute Idee.

Ein Mietwagen! Genau. Ihr könnt einen Sechssitzer ausleihen.

Au ja!

Cheyenne hat erst ihn und dann mich hoffnungsvoll angeguckt.

Können deine Eltern das nicht machen? Das wäre sooo cool!

Dann hat sie wieder **LOSGEJAMMERT**.

Ich will auch sooo gerne nach **FRANKREICH!**

PARIS! **DER EIFFELTURM!**

Oh là là!

Schon wieder haben sich die **LÄMMER-GIRLS** zu uns umgedreht. Was will die denn in Frankreich? hat Berenike ihre Freundinnen mit voll hochnäsiger Stimme gefragt. Die spricht doch nicht mal vernünftig Deutsch.

Und natürlich haben Emma, Hannah und Liv-Grete sofort gegiggelt wie die Trutputen.

Und ihr sprecht nur Schafisch hab ich den blöden **LÄMMERN** hinterhergerufen,

bevor Cheyenne und ich zusammen Määäh! geblökt haben.

BING BANG
Dann hat es geklingelt und wir mussten reingehen.
BONG

Papa war heute schon mittags zu Hause, was nicht sehr hilfreich war. Weil es nämlich immer leichter ist, erst mal nur Mama zu überzeugen. Wir saßen am Mittagstisch und es gab Nudelauflauf mit Tomatensoße **ohne indische Gewürze.**

Das war ein **gutes Zeichen** für meinen Plan, fand ich. Weil es ja auch ein **gutes Essen** war.

Wenn Cheyenne mitkommt, soll aber auch Jan-Vincent aus unserer Klasse mitkommen hat Simon verlangt.

Und Tim-Luca! hat Jakob geschrien und etwas Tomatensoße über den Tisch gesabbert.

Quatsch, ihr seid doch sowieso schon zu zweit

hab ich sie schnell unterbrochen, weil das Gespräch komplett in die falsche Richtung lief.

Aber dann ist mir eingefallen, dass es schlau wäre, auch die Zwillinge auf meiner Seite zu haben.

In einem großen Auto könnt ihr eure Skateboards mitnehmen.

Und die Posaune, das Schlagzeug und den aufblasbaren Weihnachtsmann.

Nur über meine Leiche! hat Papa gerufen und auch fast ein bisschen gesabbert vor **Schreck**. Er konnte sich gerade noch eine Serviette vor den Mund halten.

Lotta. Mama hat nach meiner Hand gegriffen und mich angelächelt.

Du brauchst Cheyenne doch gar nicht, wenn wir in Frankreich sind. Du hast dann doch deine Cousinen, vor allem Amelia.

Ja, aber ... Ich hab tief Luft geholt.
Weil es darum ja gar nicht ging.

Aber Cheyenne braucht **mich.** Weil sie sonst in den Ferien ganz alleine zu Hause ist und weil ihre Mami nicht genug Geld für schöne Reisen hat. Dabei will sie doch auch so gerne mal nach **PARIS**.

Wir fahren aber gar nicht nach Paris hat Papa erklärt. Sondern in die **BRETAGNE**.

Egal. Jedenfalls will sie auch so furchtbar gerne nach **FRANKREICH**. Deshalb ist sie gerade total traurig.

Danach war es einen Moment lang ganz **still**, bevor Jakob blubbernd eine lange Nudel in den Mund gesaugt hat.

Die Tomatensoße ist über den ganzen Tisch gespritzt.

Papa hat ihn **böse** angeguckt.

Ich kann ja mal nach Leihwagen googeln hat Mama gesagt. Nach dem Essen.

Nein! Sie war doch schon mit uns in Schweden! Nein! Mietauto ist viel zu teuer!

Familienreise! Es geht auch mal **ohne** Cheyenne!

Nein!

MANN, Papa.

Aber zum GLÜCK haben Mama und ich GEWONNEN! Und deshalb konnte ich Cheyenne **das** allerschönste Weihnachtsgeschenk **aller Zeiten** machen!!!

Jedenfalls hat sie das gesagt, als ich ihr abends erzählt hab, dass sie mitfahren darf. Sie musste sogar schon wieder weinen, diesmal allerdings, weil sie sich so schrecklich gefreut hat.

Also, eigentlich habe ja <u>ich</u> Cheyenne das Geschenk gemacht, hat Papa später gemurrt.

Aber das war echt egal. Es war nur wichtig, dass meine allerbeste Freundin mit nach **FRANKREICH** kommen durfte! Juchuuu!

DIENSTAG, DER 26. DEZEMBER. Abends

Weil die Fahrt in die **BRETAGNE** voll lange dauert, sind wir schon abends losgefahren. Das war gut, weil ich so den ganzen Tag Zeit zum Packen hatte und an alles **Wichtige** denken konnte:

- die Weihnachtsgeschenke für Amelia und Olivia (zwei Kartenspiele)

- noch mehr **Spiele**

- **Badeanzug** und **Sonnenbrille**
- das **Französisch-Wörterbuch**, das Papa mir geschenkt hat, als Rémi neu in unserer Klasse war

- alle übrig gebliebenen Schokoweihnachtsmänner und Lebkuchen, die ich auftreiben konnte (weil die Franzosen nur so komische Sachen essen wie **KOKOWÄÄH** und **STINKEKÄSE**)

- meine **indische** Blockflöte, mit der ich alles Mögliche **beschwören** kann (zum Beispiel **KOKOWÄÄH** und **STINKEKÄSE**)

Und wenn ihr morgen früh aufwacht, sind wir schon längst in Frankreich

hat Mama uns erklärt, als wir im Stockdunklen bei Cheyenne vor dem Haus standen, um sie abzuholen.

Sie hatte voll die **gute Laune.**

Papa allerdings nicht.

Und zwar weil Cheyenne noch mal ihre ganze Tasche umpacken musste, bevor wir endlich losfahren konnten. Hä? Ich dachte, wir fahren an den Strand hat sie gesagt und mich so stirnrunzelig angeguckt, als wär ich daran schuld.

Dabei hatte Papa mir doch selbst irgendwas von **Meer** und **Strand** erzählt!

„Nein, Cheyenne“, hat er nur gesagt und ganz tief durchgeatmet. Pack deinen Bikini bitte wieder aus und dafür warme Kleidung ein. Unser Haus liegt zwar an der Küste, aber auch in der Bretagne ist jetzt Winter.

 Hups.

Als wir endlich auf der Autobahn waren, hatte auch Papa wieder gute Laune. Mama ist gefahren und er saß auf dem Beifahrersitz und hat geredet.

Bestimmt ist es dort sehr windig. Deshalb kaufen wir als Erstes einen Lenkdrachen, den wir am Strand steigen lassen. Wer ist mit dabei? Jungs?

blablabla

Jakob und Simon haben nicht geantwortet, weil sie mit ihren neuen Handys gespielt haben.

Hach hat Papa dann rumgeschwärmt, und die bretonische Küche erst! Es geht doch nichts über eine **MEERESFRÜCHTEPLATTE!** ♥

Hä? Was denn für Meeresfrüchte? hat Cheyenne mich gefragt.

Wir saßen ganz hinten in unserem LEIHWAGEN, in der dritten Reihe.

Und das war gut, weil meine Blödbrüder vor uns saßen und wir sie immer ärgern konnten, kitzeln und so.

Im Meer wachsen gar keine Früchte hat Cheyenne erklärt.

Da hab ich sie an den Kochkurs erinnert, den wir mal in der Schule gemacht haben, als Projektwoche war. Das sind doch so eklige **SCHNECKEN** und **WÜRMER**.

Iiih, stimmt, das hatte ich voll vergessen!

Cheyenne hat sich geschüttelt. HAHA!

Aber vielleicht meint dein Papa ja auch Wassermelonen.

Ich hab gelacht. Oder die atlantische Ananas.

Gibt es nicht Seebeeren?

hat Cheyenne überlegt.

Nee, nur Seegurken. Und die miese Muschelmango ...

Ich hab gekichert.

Ey, hör auf, mich zu verarschen!

Cheyenne hat gegen meinen Arm geknufft. Ich dachte doch bloß, das mit den Meeresfrüchten sollte mal wieder ein schlechter **Witz** sein. Weil **Witze** gehen ja in Wirklichkeit ganz anders, nämlich so: Treffen sich zwei Fische. Sagt der eine: Hi! Sagt der andere: Wo?

Vor uns haben Jakob und Simon gestöhnt. Oh Mann ... Cheyenne ist sooo peinlich ...

Da haben wir sie von hinten am Hals gekitzelt und sie haben geschrien vor Lachen, weil sie voll **kitzelig** sind.

Ich würde vorsichtig sein hat Mama hinterm Lenkrad gerufen. Auf der Rückfahrt sitzen nämlich die Jungs hinter euch.

Cheyenne hat mit den Schultern gezuckt. Dann hat sie sich nach vorn gelehnt.

Alle angeln Fische, nur nicht Schröder. Der isst die Köder hat sie den Jungs zugeraunt.

Jakob hat die Hände vors Gesicht geschlagen und Simon hat gestöhnt, als hätte er Schmerzen.

Anschließend hat Cheyenne die erste Chipstüte ausgepackt. Davon hatte sie mindestens zehn mit, weil sie ja auch wusste, wie **KOMISCH** das Essen in FRANKREICH ist.

Und auscherdem die schüüscheschten Jungsch

hat Cheyenne dann mit vollem Chipsmund genuschelt.

Die schind viel romantischer alsch bei unsch. Tuschur lamur und scho.

Oh Mann, Cheyenne. Aber ich hab nur gekichert, weil ich mich so gefreut hab. Natürlich auf Amelia und Olivia. Aber auch, weil meine beste Freundin diesmal **mit dabei ist** und wir alle zusammen ans Meer fahren!

* So sagen Cheyenne und ich zu Croissants, seit wir mal eine Nacht im Möbelhaus verbracht haben.

MITTWOCH, DER 27. DEZEMBER

Als ich aufgewacht bin, war es draußen noch nicht ganz hell, aber ein bisschen **FRANKREICH** konnte man trotzdem schon erkennen. Leider

sah das noch grauer und regnerischer aus als zu Hause. Wahrscheinlich, weil wir noch nicht am **MEER** waren.

„Mann, ey", hat Cheyenne gemeckert. Was wollen deine Cousinen denn hier? Warum sind die nicht lieber nach **PARIS** gefahren?

Pssst! hab ich gemacht. Sonst nehmen Mama und Papa dich nie wieder mit.

Ich fand **FRANKREICH** bis jetzt allerdings auch nicht so interessant. Obwohl ich mir echt Mühe gegeben hab: Ständig hab ich rausgeguckt, um endlich mal was richtig **FRANZÖSISCHES** zu sehen. Zum Beispiel die **SONNE** oder den **EIFFELTURM**.

Stattdessen sind wir nur ab und zu durch Dörfer gekommen, die **Rôtz-sur-Brùffrssác** oder **Sankt-Gzhòúlgz-de-Crhzhômgnàôx** oder so hießen.

Sind wir bald da?

hat Jakob gefragt.

Ich muss mal hat Simon gejammert.

Doch es hat noch voll lange gedauert, bevor wir endlich von der Straße abgebogen sind.
Die ganze Zeit über ist der Regen von rechts gegen die Autofenster geklatscht. Dann sind die Wege, auf denen wir gefahren sind, immer kleiner geworden.
Überall wuchsen zerrupfte Büsche und Bäume.

Komisch. Irgendwie hatte ich es mir in **FRANKREICH** ganz **anders** vorgestellt. Mit Palmen und so.

Trotzdem bin ich jetzt immer **aufgeregter** geworden. Weil wir **fast DA** waren – bei **Amelia** und **Olivia!**

Nur noch ein paar Minuten und dann können wir endlich ...

hab ich **gehibbelt,**

... wieder Spaß mit meinen Cousinen haben!

... und an einen richtigen französischen **STRAND** gehen!

hat Cheyenne selig gehaucht.

Unsere zweite **Bescherung** machen ...

... eine Fahrt nach **PARIS** ...

... und andere spannende Ausflüge.

Bestimmt treffen wir ein paar süße Jungs.

Und in ein paar Tagen feiern wir dann alle zusammen **SILVESTER!**

Mit den süßen Jungs? Cheyenne hat gekichert.

Ich hab auch gekichert, weil ich so **aufgeregt** war. Wen interessierte schon das Wetter?

Da vorne links hat Mama vom Beifahrersitz gesagt und auf ihr Handy geschaut.

Und dann könnt ihr schon mal Ausschau nach einem großen, allein stehenden Haus halten.

Und nach dem Meer! hat Papa gerufen. Denn er war gerade über eine Hügelkuppe gefahren und plötzlich lag es wirklich vor uns bis zum Horizont:

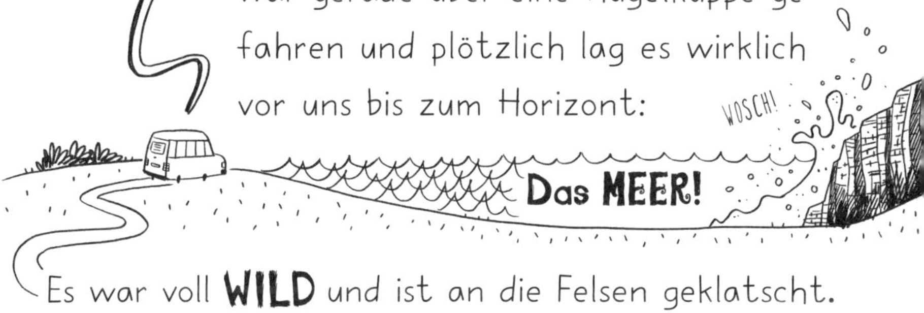

Es war voll **WILD** und ist an die Felsen geklatscht. Aber zum Baden war es ja sowieso zu kalt.

Boah! hat Cheyenne gemacht.

Alter!

Da! Das muss das Haus sein! hat Mama in diesem Moment gerufen, aber wahrscheinlich sollte das ein **Witz** sein.

Deshalb hab ich schon wieder gekichert.

Auf einem Felsen oberhalb des Wassers stand nämlich ein altes dunkelgraues Steinhaus, das echt **UNHEIMLICH** aussah. Die Fenster lagen versteckt in den dicken Mauern, so wie kleine, fiese Augen, die uns beobachteten.

Voll das **GEISTERSCHLOSS!** hat Cheyenne geraunt. Guck mal, das hat sogar einen richtigen Turm mit so Dingern dran ...

Zinnen hab ich gesagt. Und sind das Fledermäuse, die um den Turm flattern?

Mir war selbst so fledermausflatterig im Bauch, dass ich die ganze Zeit kichern musste. Wegen Amelia und Olivia natürlich.

Allerdings hatte Mama **keinen Witz** gemacht: Zwischen zwei Steinwällen sind wir in die Einfahrt zum **GEISTERHAUS** abgebogen. Es ging etwas bergauf, erst nach rechts, dann nach links und an struppigen Hecken vorbei.

Wehe, die haben kein WLAN hier

hat Simon gemosert.

Jetzt hat Papa wohl versucht, **witzig** zu sein.

Hier gibt es nicht mal Strom. Wir müssen über einem Feuer kochen und abends Kerzen anzünden.

Oh Mann, Papa.

Im selben Moment haben wir auch schon vor dem Haus angehalten. Neben uns parkte ein graues Auto.

Schnell, macht die Tür auf!

hab ich gerufen und bin auf meinem Sitz rumgehüpft.

Cheyenne und ich konnten nämlich erst aussteigen, wenn die Jungs draußen waren –
und ich MUSSTE auf der Stelle RAUS! →

Mama hat sich beeilt, trotzdem war sie bereits KLATSCHNASS und hatte verwuselte Haare, als sie unsere Seitentür aufgeschoben hat.

Mit einem Satz bin ich in den Kies gesprungen – und hatte sofort Regen im Hals.

hat Papa gebrüllt, um den Wind zu übertönen, und uns mit beiden Armen in Richtung der Haustür gewunken.

Erst mal rein! Die Sachen holen wir später.

Dann ist er losgerannt und wir alle hinterher.

Die Tür war blau, lag in einer Nische und es gab keine Klingel. Zu sechst haben wir uns ganz eng zusammengedrängt. Die Jungs haben rumgejammert, während Papa mit beiden Fäusten dagegengewummert hat.

Nur wenige Sekunden später wurde sie von innen aufgerissen. Vor uns stand Olivia und hat uns **grimmig** angeguckt.

GELD ODER LEBEN! hat sie geschrien und mit einem Plastiksäbel gewedelt.

Leben, Olivia! hat Mama flehentlich gerufen. Bitte, bitte, lass uns leben!

Und vor allem: Lass uns rein! hat Papa geknurrt.

Und da haben Cheyenne und ich von hinten geschoben und wir sind alle ins Haus **gestolpert.**

Sofort hat Simon gejault.  **Au!** Mama, die haut!

Schnell hat er sich hinter ihr versteckt.

Aber Olivia wollte uns offensichtlich nicht so leicht davonkommen lassen.

GIB MIR ALL DEIN GELD!

hat sie geschrien.

Zum Glück kamen in diesem Moment Heidi und Tom in die Eingangshalle.

Und da haben wir alle angefangen, gleichzeitig zu reden und zu lachen und uns zu begrüßen. Mir war total **SCHLECHT** vor Aufregung, deshalb hab ich alle ganz fest gedrückt. 
Nur Amelia nicht. Sie war nämlich nicht da.

Besorgt hab ich mich umgeschaut, konnte sie aber nirgendwo sehen. Es war hier aber auch echt **finster** wie in einer Höhle!

Alles war aus schwarzen Steinen und dazwischen gab es alte Türen. Hinter einer Öffnung hab ich eine Holztreppe entdeckt, die nach oben führte.

Vielleicht war Amelia dort?

Ich hab versucht, die Stufen hochzugucken, konnte aber nicht weit sehen, und zwar weil die Treppe voll gewendelt war. Außerdem war es zu dunkel.

Keine Spur von Amelia.
Nur ein bisschen **UNGEMÜTLICHKEIT**.

Auch Cheyenne hat sich stirnrunzelig umgeguckt und über ihre Arme gestrichen, als würde sie frieren.

Ich dachte, wir sind in einem Hotel

hat sie mir zugeflüstert.

Mit so Koffertrageleuten und All-you-can-eat-Büfell ...

So langsam war mir echt ein bisschen **MULMIG.** Deshalb konnte ich einfach nicht länger warten.

Wo ist denn Amelia? hab ich Heidi und Tom gefragt. Nicht, dass sie vor der Abreise noch die **WINDPOCKEN** gekriegt hatte und zu Hause geblieben war!

Heidi hat ein geheimnisvolles Gesicht gemacht. Amelia bereitet gerade eine Überraschung für euch vor …

Blöde Pfannkuchen!

hat Olivia dazwischengerufen und Jakob mit ihrem Plastiksäbel bedroht.

Der hat sich schnell hinter Mama versteckt.

SCHWUPP

… aber da es jetzt ja sowieso keine Überraschung mehr ist, könnt ihr sie ebenso gut in der Küche besuchen

hat Heidi grinsend weitergesprochen, als ob es egal wäre, dass Olivia gerade die ganze Überraschung versaut hatte. 

Dann hat sie auf eine Tür rechts von uns gezeigt.

Boah, war ich erleichtert! Sofort wurde mir wieder **total kribbelig** vor Aufregung. Ich ♥ Pfannkuchen!!!

hab ich schnell gesagt und Cheyenne am Ärmel zu der schweren Holztür gezogen, wo ich kurz Luft geholt hab.

Hoffentlich ist Amelia noch genauso nett wie beim letzten Mal!

Dann hab ich die alte Klinke runtergedrückt und die Tür aufgeschoben.

Die Küche war riesig und auch aus Stein. Unter den dunklen Deckenbalken waberte Nebel. Es stank nach verbrannten Pfannkuchen.

Aber das war gerade so was von egal!

Weil ich nämlich Amelia gesehen hab. Sie stand an so einem altmodischen Herd und darauf stand eine Pfanne, aus der es laut geknistert und gequalmt hat.

Oh nee, nicht schon wieder! Komm schon, du blödes Ding ...

hat sie geschimpft und mit einem Holzlöffel in der Pfanne rumgekratzt.

Natürlich musste ich da an meine **verkokelten** Weihnachtskekse denken. Aber vor allem war ich so furchtbar froh darüber, meine Cousine zu sehen, dass ich voll giggeln musste.

hihihi

Amelia!

Und da hat sie sich umgedreht und gequietscht.

Lottaaa! Da seid ihr ja schon!

Wir sind uns um den Hals gefallen und durch die Küche gehüpft.

Ich freu mich ja sooo!

Dann ist mir Cheyenne wieder eingefallen und ich hab sie am Ärmel zu uns gezogen.

Und das hier ist ...

Na, das weiß ich doch! Wie toll, dass du mitkommen konntest!

hat Amelia gerufen und sie auch umarmt.

Cheyenne war ein bisschen schüchterner als sonst. Jedenfalls hat sie nur „Hallo“ gemurmelt. Vielleicht, weil hier alles fremd für sie war. Amelia und Olivia und **FRANKREICH** und das große, alte Haus mit der riesigen Küche.

Kommt, ich zeige euch erst mal euer Zimmer. Und dann den Rest des Hauses!

Amelia hat den Herd ausgeschaltet und danach den **schwarzen Pfannkuchen** aus der Pfanne in einen Abfalleimer gekippt, in dem schon mindestens drei andere **schwarze Pfannkuchen** lagen.

hihihi HA! HA! Es war einfach sooo **TOLL**, dass wir hier waren!

Die Eingangshalle war jetzt leer, wir haben bloß murmelige Stimmen gehört, irgendwo in der Ferne. Amelia ist mit uns die Holztreppe in den ersten Stock hochgestiegen.

Hier war wohl die Lampe kaputt.

Jedenfalls war es immer noch voll dunkel, die Stufen haben geknarrt und ein kalter Luftzug ist an unseren Nacken vorbei die Treppe hochgeweht, als wollte er vor uns oben sein.

Gruselig, oder? hat Amelia gefragt. Fast könnte man glauben, der **GEIST** des toten Piraten lebt noch hier ... versteckt in einer Mauerritze.

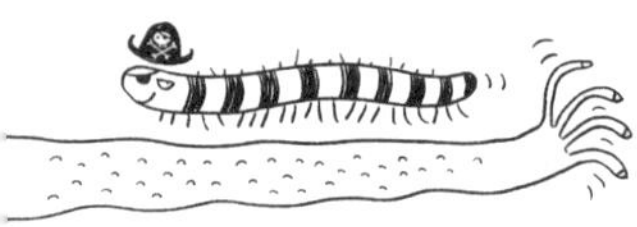

Da ist mir eine **GÄNSEHAUT** über die Arme gekrabbelt.

Was für ein **PIRAT?** hab ich gekrächzt.

Amelia hat sich zu uns umgedreht. „*Malo*, der **SCHLECHTE**", hat sie dann mit Gruselstimme geraunt.

Man sagt, er hätte in diesem Haus gelebt, wenn er nicht gerade geraubt und geplündert hat.

Anschließend war es kurz still und wir haben gelauscht. Draußen heulte der Wind wie ein **GEIST**.

Da ist mir noch frösteliger geworden.

Und Cheyenne auch, glaub ich.

Ich hätte die Weihnachtsferien zu Hause auf dem Sofa verbringen können

hat sie gemurmelt und dabei voll erschüttert vor sich hingestarrt.

Mit Chips und heißer Schokolade mit Marshmallows und allen Staffeln von ***Teenager in Love***.

Da musste ich schon wieder kichern. Obwohl ich das mit dem **GEISTERPIRATEN** auch unheimlich fand.

Oben erwartete uns ein langer, dunkler Gang, von dem mindestens acht Türen abgingen. Nur an einem Ende gab es ein kleines Fenster. Wir sind in die andere Richtung gegangen.

„Das hier ist euer Zimmer." Amelia hat die vorletzte Tür rechts aufgemacht.

Zum Glück sah unser Zimmer ganz gemütlich aus. ☺ Weil jemand die Steinwände weiß angemalt hatte. Außerdem gab es einen flauschigen roten Teppich und auf dem Doppelbett lag eine rote Überdecke. In einer Steinnische war ein kleines Fenster.

Die können wir auch nachts offen lassen, wenn wir wollen hat Amelia erklärt und sie geöffnet.

Wollen wir aber nicht hat Olivia von der anderen Seite gerufen.

Nachts wird geschlafen. Da will ich meine Ruhe haben, basta.

Sie saß auf ihrem Bett und hat gerade einen Haufen rostiger Schlüssel  und Nägel  sortiert, die sie vermutlich irgendwo gefunden hatte. Ich glaub, ein paar Knochen  waren auch dabei.

„Sollen wir eure Sachen hochholen?", hat Amelia gefragt. Dann könnt ihr euch ein bisschen einrichten. Livi, hilfst du beim Tragen?

Nö. Es regnet hat Olivia gesagt und irgendwas

betrachtet, was ausgesehen hat wie der Unterkiefer  von Frau Kackert.

unsere Lehrerin ↑

Und da sind Amelia, Cheyenne und ich alleine rausgegangen in den Regen und den Wind.

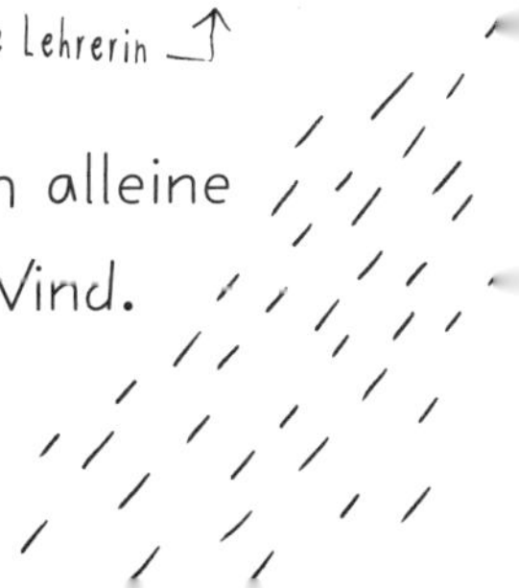

MITTWOCH, DER 27. DEZEMBER. Nachmittags

Nachdem wir all unsere Sachen im Zimmer verteilt hatten, wurde es noch gemütlicher. Cheyenne hatte extra eine Jeans und ein paar Socken auf den Boden geschmissen und ein paar Chipstüten auf die Fensterbank.

So, jetzt sieht es wenigstens ein bisschen nach zu Hause aus.

Und nun zeigen wir euch den Turm. Der ist das Beste vom ganzen Haus

hat Amelia gesagt.

Genau. Olivia ist vom Bett gesprungen und hat ihren Plastiksäbel aus dem Gürtel gezogen.

Weil, nämlich, das ist ein Piratenturm.

Der Eingang lag gleich hinter dem Zimmer von Amelia und Olivia am Ende des langen Gangs.

Wir sind eine enge Wendeltreppe aus Metall hochgelaufen. Olivia ging vor uns mit einer Taschenlampe. Leider hat sie immer nur nach vorne geleuchtet, sodass es hinten bei uns ziemlich finster war. Zum Glück war der Turm nicht besonders hoch. Cheyenne hat trotzdem gemeckert.

Gibt's keinen Fahrstuhl?

Wir sind gleich da. Es sind nur zweiunddreißig Stufen

hat Amelia gesagt.

Und dann standen wir plötzlich in einem richtigen Leuchtturm! So mit Fenstern ringsherum und einer Lampe genau in der Mitte. An einer Seite konnte man rausgehen und außen um den Turm rumlaufen. **Wow!** hab ich gerufen,

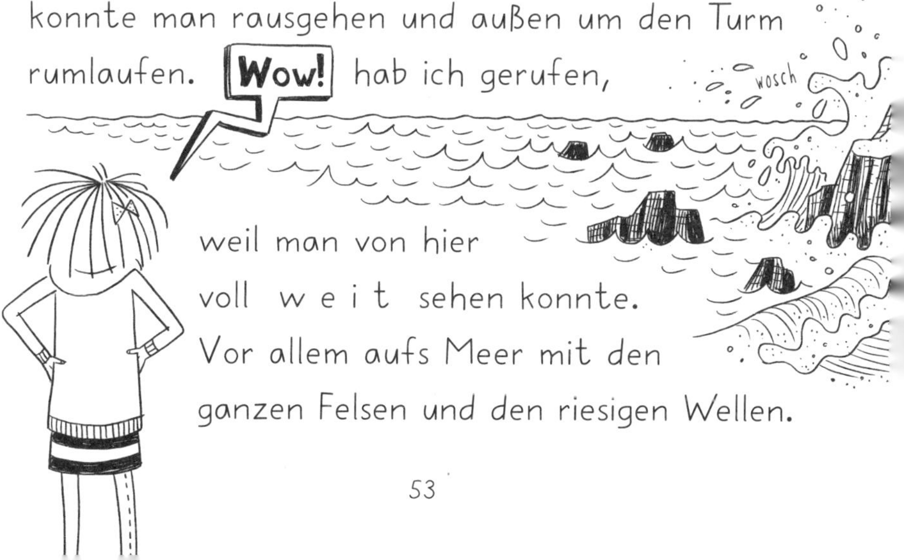

weil man von hier voll w e i t sehen konnte. Vor allem aufs Meer mit den ganzen Felsen und den riesigen Wellen.

Dann hab ich zur

Lampe gezeigt.

Geht die noch? Ich meine nachts? Für die Schiffe?

Nee, leider nicht hat Amelia gesagt.

Olivia hat wütend mit ihrem Säbel gegen die Lampe gehauen, dass sie nur so klirrte. **Kaputt.** Wenn ich den erwische!

Vor den Fenstern stand ein plüschiges Sofa, das irgendwie gar nicht hier reingepasst hat, aber voll bequem war.

Ich bin tief eingesunken, als ich mich reingesetzt hab.

Die Küste da unten nennt man auch **PIRATENKÜSTE**

hat Amelia uns erklärt und runter zu den schwarzen Felsen gezeigt.

Weil der berühmte Freibeuter *Malo*, der **SCHLECHTE** hier früher sein Unwesen getrieben hat. Seine Beute wurde niemals entdeckt.

Cheyenne hat ihren Hals gereckt. Aber dann hat sie aufgegeben und sich wieder zurück ins Sofa sinken lassen.

hat Olivia geschrien.

Sie hat mit ihrem Säbel um sich gehauen und fast Cheyenne getroffen.

hat die geschimpft und den Säbel festgehalten.

Ich glaub, sie muss sich erst mal ein bisschen an alles hier gewöhnen.

Danach hat Amelia uns den Rest des Hauses gezeigt. Das Badezimmer hatte voll gluckerige Rohre und eine Wanne mit so Krallen dran wie von einem Löwen. Es sah uralt aus.

Hier könnte man **GRUSELFILME** drehen

hab ich geraunt und da hat auch Cheyenne wieder ein bisschen gegrinst.

Doch als wir anschließend durch die Eingangshalle in Richtung Wohnzimmer gegangen sind, hat sie plötzlich **gekreischt** und ist mit einem Satz auf eine Bank unter einem der Fenster gesprungen.

Da hab ich auch gequiekt und bin neben sie auf die Bank gesprungen und hab mich an ihr festgeklammert und sie sich an mir.

Olivia hat geknurrt und mit ihrem Säbel gegen die alte Truhe gehauen, die hinten an der Wand stand.

Quatsch, Ratte! Das ist doch bloß Bernt.

Bernt?  hab ich gefiept, und zwar weil mir nichts Schlaueres eingefallen ist.

Ja, klar. Der Haushamster. Der wohnt in der Sofaritze.

Sofa?  hat Cheyenne gewimmert.

Olivia hat nicht geantwortet, sondern nur die schwere Tür ganz rechts aufgestoßen und ist ins Wohnzimmer marschiert.

Kommt! Amelia hat gekichert und uns zugezwinkert.

Da sind Cheyenne und ich vorsichtig von der Bank gestiegen, um ihnen ganz schnell zu folgen.

Gleich hinter uns haben wir die Tür wieder zugeschlagen.

Hier war es richtig gemütlich. Es gab nämlich einen großen Kamin mit einem Feuer drin und drei Sofas davor. Auf dem Boden lagen ein paar Eisbärenfelle. Vielleicht waren es auch Schaffelle, das konnte ich nicht so genau erkennen. Jedenfalls sah es voll **kuschelig** aus.

Olivia war gerade dabei, unsere Eltern von den Sofas zu verjagen. **Weg da!** hat sie geschrien und mit ihrem Säbel gefuchtelt. **Ihr dürft hier nicht sein! Hier wohnt Bernt!**

Nee, im Moment wohnen wir zum Glück hier hat Heidi erklärt und sich extra tief in ein paar große Kissen gekuschelt.

HAMSTER: BERNT
GEHEIMAGENT
Bernt gemalt von Selma
MISSION:
CHIPS mit KÄSE
WOHNT IN DER SOFARITZE
SPEZIALHAKEN
ZZZZZ
GEHEIME BODENKLAPPE
VERSUCH: 2
ZISCH
ZISCH
KÄSECHIPSGERUCH
CHIPS mit KÄSE
KNURPS!
AUA!
KNURPS!
MISSION: ERFÜLLT

Olivia hat böse geguckt.

Bernts Rache wird fürchterlich sein.

Das hat allerdings niemanden gestört. Nicht mal Cheyenne und mich. Wir haben uns auf das rechte Sofa gesetzt und ins Kaminfeuer geguckt und plötzlich war es voll warm und heimelig in **FRANKREICH.**

Gleich machen wir Bescherung, ja?

hab ich die anderen gefragt.

Und das haben wir auch gemacht. Als Erstes haben wir auf dem Couchtisch vor dem Kamin jede Menge Kerzen angezündet.

Und jetzt spielt Lotta uns Stille Nacht auf der Blockflöte vor

hat Papa dann **gewitzelt**, aber ich hab ihn ignoriert.

Stattdessen haben wir unsere **Geschenke** verteilt. Da war mir schon wieder voll **weihnachtlich** zumute, weil sie so schön eingepackt waren.

Sogar Cheyenne hat was gekriegt. Sie war ganz **aufgeregt**, als sie eine Umhängetasche mit einem Känguru drauf ausgepackt hat.

Ich hab auch eine bekommen, und zwar mit einem total süßen Koala.

Oooh, danke! hab ich gerufen und Amelia und ihre Eltern umarmt.

Meine Cousinen haben sich auch voll über ihre Spiele gefreut. Das von Amelia haben wir übrigens gleich nach der **Bescherung** ausprobiert, direkt vor dem Kamin.

Meine **BRÜDER** haben mit uns gespielt, aber Olivia hat lieber am Esstisch ein paar Zettel geschrieben, die sie dann auf den Sofas verteilt hat:

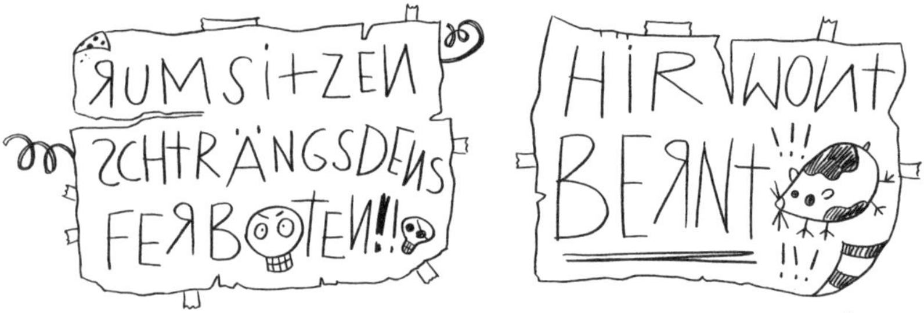

Darunter hatte sie **TOTENKÖPFE** gemalt.
Und etwas, das wie eine Ratte ausgesehen hat.

Aber das hat unsere Eltern nicht gestört. Nachdem sie das Geschenkpapier eingesammelt hatten, haben sie sich einfach wieder auf die Sofas gesetzt.

Da hat Olivia **ihr** neues Spiel mit uns gespielt. Und gewonnen.

DONNERSTAG, DER 28. DEZEMBER

Heute Morgen haben wir lange geschlafen, bevor Mama uns zum **Frühstück** ins Wohnzimmer geholt hat.

Papa hat nicht so begeistert über den großen Tisch geguckt. Und zwar weil es kein Vollkornbrot gab. **Oh Mann, Papa.**

Es gab auch keinen **Güstav** – und trotzdem fand ich, dass alles voll lecker  ausgesehen hat:

Ich hatte keine Ahnung, was **VEGEMITE** war und Cheyenne auch nicht.

Waaas? hat Tom voll übertrieben gerufen und mit seinem Messer gewedelt.

Das ist der Geschmack Australiens!

Sofort hat Olivia nach dem Glas gegriffen und sich eine Scheibe Toast dick damit beschmiert.

Sozusagen der Honig der berühmten Kängurubiene.

Jetzt hat Papa schon wieder versucht, einen **Witz** zu machen.

Quatsch. Gibsch ja gar nich

hat Olivia mit vollem Mund gesagt. Ihr Gesicht war bereits ganz verschmiert.

Da wollten Cheyenne und ich natürlich auch mal probieren. Wenigstens eine winzige Ecke.

Also, ich jedenfalls.

Allerdings hat Cheyenne sich gleich eine **ganze** Toastscheibe bestrichen.

Dann haben wir uns angegrinst

und gleichzeitig reingebissen.

GAAAH! WIE EKLIG WAR DAS DENN?

Total salzig, bitter und **WIDERLICH!**
Noch viel **schlimmer** als Mamas
Aju…dingsbums-**ROSENKOHLCURRY**.

Am liebsten hätte ich es sofort wieder ausgespuckt.

Auch Cheyenne hat nicht weitergekaut, obwohl man sehen konnte, dass ihr Mund noch ganz voll war. Entsetzt hat sie irgendwo hingestarrt. Ich glaub sogar, sie hatte Tränen in den Augen.

Isch will nach Hausche

hat sie dann gewimmert.

Da haben alle am Tisch gelacht. HAHAHA!
Dabei war es **WIRKLICH kein bisschen** witzig!

Wir sind aufgesprungen, aus dem Wohnzimmer rausgelaufen und in die Küche.

Dort haben wir alles in den Mülleimer gespuckt zu den **schwarzen Pfannkuchen.**

„Voll fies", hat Cheyenne gejammert. „Voll fies!"

Dann hat sie ihren Mund mit Wasser ausgespült. Und ich meinen auch.

Nach dem Frühstück sind wir mit Papa in den nächsten Ort zum Einkaufen gefahren. Er hieß **Lampenpaul-Pliáòû°dalmerzedesuôeàú** oder so und es gab einen richtigen Supermarkt.

Alle anderen waren zu Hause geblieben – aber Cheyenne und ich mussten dringend aufpassen, dass Papa **Güstav** und solche Sachen einkaufte und nicht nur Vollkornbrot. 
Oder so was Schlimmes wie **VEGEMITE.**
Und Amelia wollte auch mit.

Der Supermarkt war **riesig**.
Es gab alles Mögliche – sogar Drachen!

Sofort haben Papas Augen geleuchtet und er war abgelenkt von den Lebensmitteln,

sodass Cheyenne und ich schnell Kekse und weiche Schokobrötchen in den Einkaufswagen packen konnten.

Und Crêpes. Das sind so Pfannkuchen in einer Tüte. 

Lecker!

Dann hab ich was noch viel **BESSERES** gefunden. Guckt mal – Spekulatiuscreme! Für aufs Brot!

Boah! hat Cheyenne gequietscht.
Und Karamellcreme!

Ich glaub, so langsam fand sie **FRANKREICH** auch gut. Weil sie einkaufen ja total gerne mag.

Wir haben uns immer weiter von Papa und den Drachen entfernt. Und unser Einkaufswagen wurde immer voller.

Amelia hat ganz viele Käsecracker und salzige Sachen dazugelegt.

Nur Papa hat leider fast einen Herzinfarkt gekriegt, als er uns ungefähr zehn Minuten später wiedergefunden hat.

Er hat gekeucht und sich an die Brust gefasst. Allerdings nur mit einer Hand. In der anderen hielt er nämlich den **größten Lenkdrachen der WELT.**

DONNERSTAG, DER 28. DEZEMBER.

Nachmittags

So um vier Uhr sind wir dann alle zusammen an den Strand gegangen.

Papa hatte den Lenkdrachen zusammengebaut.

Der war bunt gestreift und so groß wie ein kleines Flugzeug.

Und es war ganz schön schwer, ihn runter zum Strand zu tragen. Weil der Wind nämlich schon auf dem Weg ständig dran rumgerissen hat.

Wir mussten einen schmalen Pfad zwischen Felsen hinablaufen, bis wir endlich da waren. Und dann hab ich gestaunt: Der Strand war nämlich größer, als ich gedacht hatte – so richtig mit Sand und Felsen und Wellen!

hat Cheyenne in den Wind geschrien und ihre Augen haben geglitzert.

Dann ist ihr allerdings die Mütze vom Kopf geweht und sie musste hinterherrennen.

Da hinten ist eine echte Piratenhöhle!

hat Olivia gerufen und mit ihrem Säbel gefuchtelt.

Es war kalt und stürmisch, aber trotzdem voll schön. Zwar konnte man nicht baden, aber dafür klettern und kleine Meerestiere beobachten und Sachen finden, die das Meer angespült hatte. Am liebsten wären wir gleich losgelaufen, um nach Höhlen und Muscheln und Krebsen und Strandgut zu suchen.

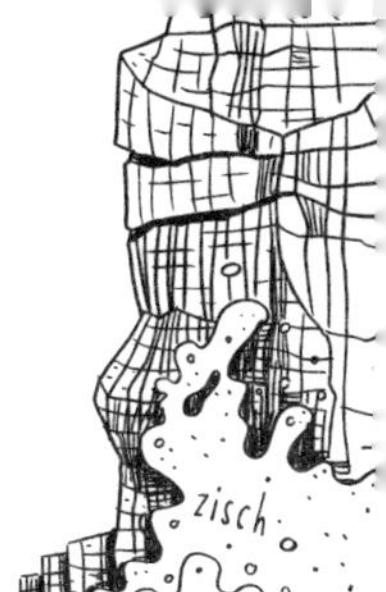

Aber leider mussten wir alle zuerst Papas Riesendrachen festhalten, während er die Schnüre abgewickelt hat.

Dazu ist er immer weiter von uns weggegangen.

Es ist total schwer, einen Drachen festzuhalten, der lieber wegfliegen will.

Wie lange noch? hab ich geschrien, weil mir schon die Arme wehtaten, aber Papa hat mich nicht gehört, weil der Wind und die Wellen so laut waren.

„Jetzt!“, hat er irgendwann gebrüllt und mit den Händen gewedelt.

Und da haben wir den Drachen losgelassen ...

... und er ist wie ein Pfeil
in die Höhe geschossen.
Das sah echt gut aus.

Vor allem, als Papa ihn so gelenkt hat, dass er Kringel nach rechts und nach links geflogen ist wie eine Acht.

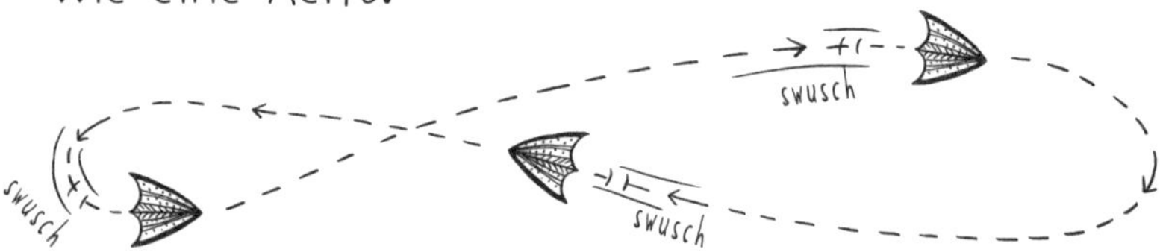

Cheyenne hat auch nach oben
geguckt und fachmännisch genickt.

Und dann sind wir auf ein
paar Felsen rumgeklettert,
zwischen denen es kleine Teiche im Sand gab mit
Algen, Schnecken,
Seesternen
und winzigen
Fischen drin.

Passt auf, dass ihr nicht abrutscht und euch nasse Füße holt!

hat Mama uns zugerufen.

Sofort ist Olivia abgerutscht und hat sich NASSE Füße geholt.

Dann hat Papa meine **Brüder** gerufen.

Los, Jungs, kommt her! Jetzt seid ihr dran mit dem Drachen!

Nee! Machen wir nicht! Der Wind ist viel zu doll!

hat Simon zurückgerufen.

Auch Jakob ist nur ein paar Schritte rückwärtsgegangen.

Sonst werden wir noch weggeweht!

Dann haben sich die beiden hinter einen Felsen gehockt und einen Krebs mit einem kleinen Stock am Panzer angestupst, um zu gucken, ob der noch lebt.

Ausnahmsweise konnte ich meine **Brüder** mal verstehen. Weil es ja wirklich voll *windig* war und bestimmt schwer, den Drachen festzuhalten.

hat Olivia geschrien und ist mit ihren nassen Stiefeln zu Papa gerannt. Und da hat er ihr gezeigt, wie das geht.

Also, da war mir schon ein bisschen **MULMIG.**

Und Mama auch, glaub ich. **Ist Olivia nicht zu leicht? Sie kann den Drachen doch gar nicht halten**

hat sie Heidi und Tom gefragt.
Tom hatte einen Arm um
Heidis Schultern gelegt.
Beide haben gelächelt.

Das muss sie selbst herausfinden.

Dann hat Papa die Griffe der Drachenschnüre losgelassen und der Drachen hat Olivia sofort über den Strand gezogen ...

... bevor sie abgehoben und davongeschwebt ist, ziemlich schnell und ein paar Meter über dem Boden!

Mama, Cheyenne und ich haben geschrien vor **SCHRECK!**

Bestimmt zehn Sekunden lang haben wir nur dagestanden wie die Salzstangen und hinter Olivia hergestarrt, weil wir uns gar nicht bewegen konnten vor lauter **GRAUENHAFTIGKEIT!** Was, wenn sie raus aufs Meer wehte ...

Dann ist sie hinter einem großen Felsen verschwunden und wir konnten sie nicht mehr sehen.

Und da sind wir losgerannt, so schnell wir konnten. Ich hatte schreckliche Angst um Olivia und ich glaub, alle anderen auch. Papa ist an mir vorbeigerast und hat laut nach ihr gerufen.

Ich glaub, dass er ein furchtbar schlechtes **GEWISSEN** hatte. Selber schuld, Papa.

Endlich hatten wir den Felsen umrundet. Wir haben jetzt alle ihren Namen geschrien.

Und dann war ich mit einem Mal voll erleichtert!

Olivia lag nämlich nicht irgendwo zwischen den Steinen, sondern stand bis zu den Knien in einer Pfütze. In den Händen hielt sie noch immer die Griffe der Drachenschnüre und hat daran rumgezerrt.

Doch der Drachen hatte sich in ein paar Büschen hoch oben auf dem Felsen verfangen.

Olivia! hat Papa gerufen. Ich glaub, er war auch erleichtert.

Sie hat sich umgedreht. **Ich will noch mehr fliegen! Aber der Drachen ist so blöd!**

Allerdings haben Heidi und Tom sie anschließend nicht mehr fliegen lassen und darüber war ich sehr froh.  Überhaupt waren alle froh, dass nichts **SCHLIMMES** passiert war.

Nur Olivia hat **geschimpft** und mit Sand geworfen.

Zum Glück kennt Amelia sich gut mit ihrer kleinen Schwester aus und weiß immer, wie man sie wieder beruhigen kann.

Livi, zeig uns doch mal die Piratenhöhle. Vielleicht finden wir ja den Schatz

hat sie gesagt und nach ihrer Hand gegriffen.

Und da hat Olivia mit der anderen Hand den Säbel gezogen und die Zähne gefletscht. Dann ist sie losgestapft.

Die Piratenhöhle befand sich auf der anderen Seite des Strandes, bestimmt so dreihundert Meter entfernt. Aber wir waren noch nicht weit gekommen, als wir was am Ufer gesehen haben.

Irgendwas war da angetrieben worden. Irgendwas, das ungefähr so groß war wie ein kleines Schaf. Was ist das? hab ich gefragt und bin stehen geblieben.

Ich wollte nicht weiterlaufen, weil das nämlich voll **SCHRECKLICH** gewesen wär. Allerdings konnten wir aus der Entfernung nicht viel erkennen, deshalb haben wir erst mal geraten.

Vielleicht ein Seehund.

Oder die Schatzkiste vom Piraten.

Sieht eher aus wie ein Orca.

Aber höchstens ein Orcababy.

Das ist ein toter Schabrackentapir

hat Olivia behauptet.

Vorsichtig sind wir näher rangegangen. Es sah wirklich aus wie ein **TIER** und hat sich sogar ein bisschen bewegt. Aber ich glaub, das lag bloß an den Wellen.

Es ist schwarz und weiß hat Amelia gemurmelt.

Eine Kuh? hat Cheyenne gefragt und da mussten wir alle lachen, obwohl das ja nicht wirklich komisch war. HAHAHA! HA! hihihi HA! schluck

Das Ding war sowieso viel kleiner als eine Kuh. Und irgendwie kam es mir bekannt vor.

Olivia hatte natürlich mal wieder am wenigsten Angst von uns allen und ist vor Amelia, Cheyenne und mir durch den Sand gestapft. Ganz hinten liefen meine

Brüder.

Und dann wussten Cheyenne und ich plötzlich gleichzeitig, was es war: **Ein Panda!**

In der **BRETAGNE?** Amelia hat gekichert.

Aber es war wirklich ein Panda!

Allerdings kein echter, sondern ein Stofftier.

Olivia ist ins Wasser gestapft, um ihn rauszuziehen.

Alter! Cheyenne hat riesengroße Augen gemacht.

Und zwar weil **der Panda** genauso ausgesehen hat wie **der**, den ich mal an einer Losbude auf dem Jahrmarkt gewonnen und danach ihr geschenkt hatte.

Ey, das ist er! Das ist Panda! Ich hab mich schon gewundert, wo der abgeblieben ist. Weil der nämlich plötzlich weg war, nachdem wir unser Zimmer neu gemacht haben.

Da musste ich lachen. HAHAHAHA!
Weil das ja gar nicht sein konnte, dass **Panda** hier wieder auftauchte, HA! so weit weg von zu Hause.

Und auch, weil ich voll erleichtert war, dass wir kein ECHTES totes Tier gefunden hatten.

Nie im Leben. Wie soll der denn hierhergekommen sein? Außerdem war bei **Panda** eine **Naht am Po aufgeplatzt.**

Olivia hat ihn umgedreht und bei ihm war eine

Naht am Po aufgeplatzt.

Da hab ich nicht mehr gelacht. Weil das jetzt echt unheimlich war.

Ich hab auf **Pandas** Po gestarrt und mir ist ganz **KODDERIG** im Bauch geworden. Voll gruselig, ey hat Cheyenne gefiept.

Auch Jakob hat ängstlich geguckt.

Menno, hast du den etwa **beschwört?**

Mit deiner blöden Flöte? Simon ist ein paar Schritte nach hinten gestolpert.

Aber das hatte ich ja gar nicht.

Also, höchstens ganz früher mal.

Der ist geschwommen

hat Cheyenne gesagt und voll erschüttert ausgesehen.

Bis nach **FRANKREICH**.

Da hat sich mein Bauch ganz **klumpig** angefühlt vor lauter **MULM**. Trotzdem haben wir **Panda** mit zurück zum Haus genommen. Schließlich war er ja **Panda**.

DONNERSTAG, DER 28. DEZEMBER.

Noch später

Vor dem Kamin im Wohnzimmer haben wir **Panda** untersucht. Weil wir noch mehr Beweise haben wollten, dass er wirklich unser Panda war. Er war NASS und ein bisschen sandig, aber ansonsten sah er aus wie immer.

Olivia hat ihm eine Hand durch die geplatzte Naht gesteckt und ein paar Styroporkügelchen sind auf das Schaffell gerieselt, auf dem wir gesessen haben. Da ist was drin hat sie dann erklärt. Im Po.

Vielleicht der Königspudel von Chanells Lieblingsbarbie hat Cheyenne vermutet. Der ist nämlich auch verschwunden.

Leider hat Olivia aber bloß eine Plastiktüte rausgezogen. Allerdings war die fest zugebunden und innen drin war ein Stück Papier.

Ein **Liebesbrief** hat Cheyenne vermutet und ihre Augen haben geglitzert.

Für **mich**! Weil er ja auch **mein** Panda ist.

Ja, klar. Simon hat gekichert.

Ein Liebesbrief aus'm Po!

Sofort hat auch Jakob rumgegackert.

Und wenn Panda mal aufs Klo muss, dann **...**

Da hab ich ihn geschubst und Cheyenne hat Simon geschubst.

Aber ausnahmsweise hat mal keiner von beiden angefangen zu heulen. Vielleicht, weil sie auch wissen wollten, was das für ein Papier war.

Olivia hat die Tüte aufgerissen. Mit einem Mal hat keiner mehr was gesagt. Und zwar weil wir jetzt alle gespannt waren.

„Ha!", hat sie dann zufrieden gerufen. Eine Schatzkarte.

Natürlich wollten wir da alle mal gucken. Ich hatte jedenfalls noch nie eine echte Schatzkarte gesehen. Allerdings waren auf dem Papier bloß so Kästchen drauf. Und Buchstaben in einer alten, **FRANZÖSISCHEN** Schrift, die kein Mensch lesen konnte. Was ist das für ein schwarzer, strubbeliger Fleck da unten in der Ecke? Soll das eine Ratte sein? hab ich gefragt.

Olivia hat mich angefunkelt. Das ist Bernt! Der ist keine Ratte, sondern ein Hamster.

Dann hat sie das Blatt auf den Boden geworfen. Da kann man gar nichts drauf erkennen.

Doch! hat Amelia gerufen. Das ist unser Haus! Schaut mal, hier ist das Wohnzimmer, in dem wir gerade sitzen.

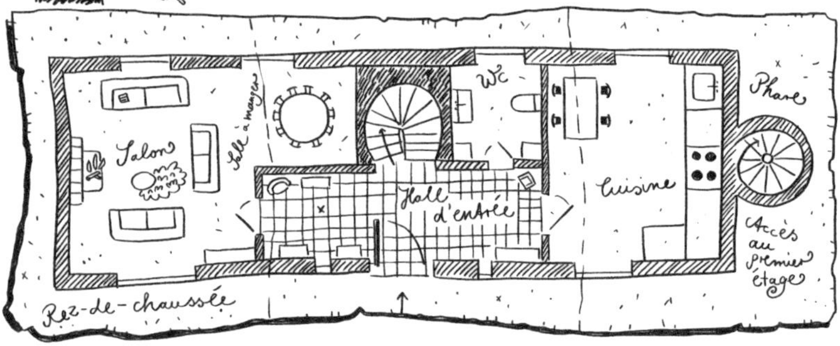

Sie hatte recht! Jetzt konnte ich sogar den Kamin erkennen. Mit einem Mal ist mir voll **kribbelig** geworden. Weil das ja vielleicht hieß, dass das hier wirklich das Haus des Piraten war …

Und wo ist das Gold und die Edelsteine? hat Cheyenne gefragt.

Amelia hat gegrinst.

Das werden wir herausfinden.

Sie ist aufgestanden.

Wer kommt mit auf Schatzsuche?

I-hiiich! haben wir alle zurückgerufen und sind aufgesprungen.

Leider mussten wir erst Abendbrot essen.
Und danach war es dunkel und der Wind hat schon wieder so **GEISTERHAFT** geheult.

Cheyenne, Amelia und ich haben trotzdem alle Zimmer im ersten Stock abgesucht, aber immer hat irgendwas **geknackt** oder geknarrt.

Ganz plötzlich hat es sogar gehoppelt, direkt hinter uns.

Wir haben uns sofort umgedreht, aber nichts gesehen. **VOLL GRUSELIG!** hab ich gefiept und einen Schritt rückwärts gemacht.

Im selben Moment bin ich dann auch noch über irgendwas gestolpert und wäre fast hingefallen.

Also, genauso wie zu Hause, wenn ich über unsere Schildkröte Heesters stolpere, weil der mal wieder im Weg rumliegt.

Nur, dass Heesters nicht so weich ist ...

Ich möchte jetzt ins Wohnzimmer und **Memory** spielen, hab ich gesagt und meine Stimme hat ein bisschen gezittert.

Zum Glück wollte Cheyenne das auch. Deshalb sind wir schnell nach unten gegangen, wo unsere Eltern mal wieder auf dem Sofa saßen. Auch meine **Blödbrüder** hatten wohl Angst gehabt. Jedenfalls waren sie auch schon zurück und haben vor dem Kamin mit ihren Stofftieren Füschi und Barni **Erforschung des Pandaplaneten** gespielt.

Nur Olivia war noch allein im Haus unterwegs, um nach dem Piratenschatz zu suchen.

Wir haben uns zu den Jungs auf die Schaffelle gesetzt und Amelia hat sofort angefangen, mit rauniger Stimme zu erzählen: Kennt ihr eigentlich die Legende von dem **GEISTERPIRATEN**, der einsame Küstenbewohner heimgesucht hat und ihnen in Nächten, in den es besonders dunkel war

haben Cheyenne und ich gleichzeitig gerufen.

Ich hab den Kopf geschüttelt. Kennen wir nicht. Wollen wir auch nicht kennen!

Und dann haben wir endlich **Memory** gespielt.

DONNERSTAG, DER 28. DEZEMBER. Nachts

Heute Nacht hab ich was **KOMISCHES** geträumt.

Und zwar bin ich aufgewacht und hab **Panda** gesehen, der im Mondschein auf einem Stuhl in unserem Zimmer saß.

Ich hab ihn angeguckt

und er hat zurückgeguckt

und dann ist er plötzlich nach vorne gekippt.

Weil aus der aufgeplatzten Naht an seinem Po was rausgekrochen kam.

Nämlich Bernt, der Hamster.
Der hat einen leisen Pfiff ausgestoßen ...

… und dann kamen mit einem Mal noch viel mehr Tiere aus Pandas Po gekrabbelt.

Die meisten waren allerdings Stofftiere, wie zum Beispiel Füschi und Barni, die Lieblingskuscheltiere von Jakob und Simon.

Zum Schluss kam auch noch meine **indische** Blockflöte hinten raus und hat gefiept.

Das war alles so **MERKWÜRDIG**, dass ich davon aufgewacht bin. Auf einem Stuhl saß **Panda** im Mondschein.

FREITAG, DER 29. DEZEMBER

Heute Morgen hab ich als Allererstes **Panda** ins Wohnzimmer gebracht und auf Bernts Sofa gesetzt. Damit ich nachts nicht mehr von ihm träume. Außerdem war er immer noch ein bisschen NASS und vor dem Kamin trocknet er schneller.

Es hat schon wieder geregnet. Das fand ich aber nicht schlimm, weil man ja auch im Haus viel machen kann, zum Beispiel spielen oder Schätze suchen.

Auch Papa fand das nicht schlimm, glaub ich. „Ach, das macht nichts", hat er nämlich beim Frühstück ganz vergnügt gesagt. Vielleicht, weil heute auch Vollkornbrot auf dem Tisch stand.

Olivia hat ihr Messer sinken lassen und Papa **böse** angeguckt. Sie hatte schon wieder das ganze Gesicht voller **VEGEMITE**.

Äh ... Papa hat verwirrt ausgesehen und nicht weitergesprochen.

Ich will wieder Drachenfliegen!

hat Olivia dann verlangt.

Amelia hat mit den Schultern gezuckt.

Das geht aber nicht, solange der Drachen noch in den Büschen oben am Felsen hängt.

Sofort hat Olivia wieder Papa **böse** angeguckt, so als ob das seine Schuld wäre.

 Da hat er mir fast leidgetan.

Wir könnten ja auch einen Ausflug nach **PARIS** machen

hab ich deshalb vorgeschlagen.

Natürlich haben Cheyennes Augen da geleuchtet.

Au ja, cool! Ich will shoppen ... und den **EIFFELTURM** sehen!

Aber Papa hat nur seinen Kopf in die Hand gestützt und **komisch** gewinselt. So, als ob wir was **Blödes** gesagt hätten.

Da hatte ich **kein Mitleid** mehr mit ihm.

Ich glaube, wir machen uns heute einfach nur einen gemütlichen Tag hat Mama dann gesagt und Papa eine Hand auf den Arm gelegt. **Ein bisschen lesen, an der Küste spazieren gehen ...**

... den Piratenschatz finden!

Amelia hat die Schatzkarte aus ihrer Hosentasche gezogen und auf den Tisch gelegt.

Wir haben noch längst nicht alle guten Schatzverstecke durch.

Jetzt hat Papa interessiert geguckt.

Oh. Das ist ja eine alte Grundrisszeichnung dieses Hauses. Wo habt ihr die denn her?

Aus **Pandas** Po haben Jakob und Simon gerufen und da haben ein paar von uns gekichert. Also, ich zum Beispiel. hihihi

Wir waren heute wirklich **nicht** im Algenmuseum. Stattdessen sind Cheyenne, Amelia und ich mit Papa zu dem Felsen gegangen, an dem noch immer der Drachen hing. Er wollte ihn nämlich retten und wir wollten ihm dabei helfen. Doch leider fand Papa es zu gefährlich, dass wir auf den Felsen rumklettern. Deshalb war es ein bisschen **öde**. Und *windig*. Aber wenigstens hatte es aufgehört zu regnen.

Ich sag ja nichts.

Cheyenne hat geseufzt und die Augen verdreht.

Aber Paris wär voll die bessere Idee für einen Ausflug gewesen.

Währenddessen hab ich Papa beobachtet, der ganz alleine über die Felsen geklettert ist. Das sah wirklich ein bisschen gefährlich aus, daher hab ich gehofft, dass er schnell aufgibt. An den Drachen kam er sowieso nicht ran.

Außerdem war mir kalt.

Ich will wieder zurück und im Haus was spielen oder so

hab ich deshalb gesagt. **FRANKREICH** ist nämlich gar nicht so schön, wenn man bloß rumsteht und friert.

Oder nach dem Schatz suchen

hat Amelia vorgeschlagen.

Oder nach Bernt.

Cheyenne hat gekichert.

Doch im selben Moment hab ich was gesehen. Und zwar unten im Wasser bei den Felsen. Erst dachte ich, ich hätte mich bloß verguckt, weil die Wellen ja schon wieder so hoch waren.

Aber dann hab ich es noch mal gesehen, ganz deutlich:

Ein Hai! Nein, zwei! Nein ... **drei!**

Ja, klar. Ein Hai, nein, zwei, nein, drei!

Cheyenne hat die Augen verdreht.

Wir werden alle sterben.

Doch! Daaa!

Ich hab aufs Wasser gezeigt und mein Herz hat mit einem Mal gebollert wie verrückt.

Weil da nämlich wirklich Rückenflossen waren. Und sogar mehr als zwei oder drei ... Es waren mindestens **acht** oder so!

Jetzt haben wir alle aufs Wasser unterhalb der Felsen gestarrt. Dann hab ich es erkannt.

Delfine!

Wahnsinn! hat Amelia gerufen. Cheyenne hat bloß gekeucht.

Und ich hab auf die Flossen geguckt und gemerkt, dass ich angefangen hab zu zittern vor lauter **Kribbeligkeit**. Weil da unten **wirklich Delfine** waren

... echte DELFINE!

Und das sind meine **Lieblingstiere** – abgesehen von Hunden und ganz kleinen Schafen.

Auch Cheyenne war jetzt voll **aufgeregt**. Sie hat sich in meinem Jackenärmel festgekrallt und geschnauft.

Schon wieder sind die Delfine an der Oberfläche aufgetaucht. Sie waren so schnell wie Pfeile. Und dann sind sie plötzlich sogar hochgesprungen und wir konnten ihre Köpfe sehen!

Boah hab ich gemacht und Cool hat Cheyenne gehaucht und unten ist das Meer gegen die Felsen geklatscht und die Delfine sind durchs Wasser gesaust, als würden ihnen die Wellen gar nichts ausmachen.

Nach ein paar Minuten sind sie dann leider wieder weggeschwommen. Trotzdem hatte Cheyenne immer noch ihre Hand in meinen Ärmel gekrallt und ihr ganzes Gesicht war voller Tränen vom Wind. So was Schönes hab ich noch nie in meinem Leben gesehen hat sie geschnieft und dabei runter aufs Wasser geguckt.

Da hab ich sie ganz fest umarmt, und zwar weil die Tränen wahrscheinlich doch nicht vom Wind waren.
Ich hab mich voll glücklich gefühlt.

Natürlich wegen der Delfine – und weil ich geglaubt hab, dass Cheyenne **FRANKREICH** jetzt auch endlich richtig **SUPERTOLL** fand.

Und auch, weil Papa damit aufgehört hatte, so gefährlich auf den Felsen rumzuklettern. Wahrscheinlich hatte er jetzt selbst gemerkt, dass er einfach nicht an den Drachen rankam.

Abends sind wir dann mit unseren zwei Autos in den nächsten Ort gefahren. Wir wollten nämlich essen gehen. Restaurants sind toll, weil man sich aussuchen kann, was man will – und hinterher muss man nicht mal den Abwasch machen.

Unseres hieß Enter das Meer oder so.

Hoffentlich gibt es da nicht nur Pizza mit Fisch drauf, hat Amelia gekichert. Da hat Cheyenne voll das entsetzte Gesicht gemacht.

Papa hat natürlich seine Meeresfrüchte bestellt. Also, ich weiß ja nicht, wie man freiwillig **SCHLEIMIGE WÜRMER, SCHNECKEN** und **TENTAKEL** essen kann. Bestimmt sind die voll salzig und schmecken nach **ALGEN.** Tja, selber schuld, Papa!

Zum Glück gab es aber auch alle möglichen **PIZZEN.**

Sogar solche, die ich überhaupt noch nicht kannte. Deshalb wollte ich eine **HOTDOG-Pizza**, mit Würstchen, Gurken, Ketchup und Röstzwiebeln drauf.

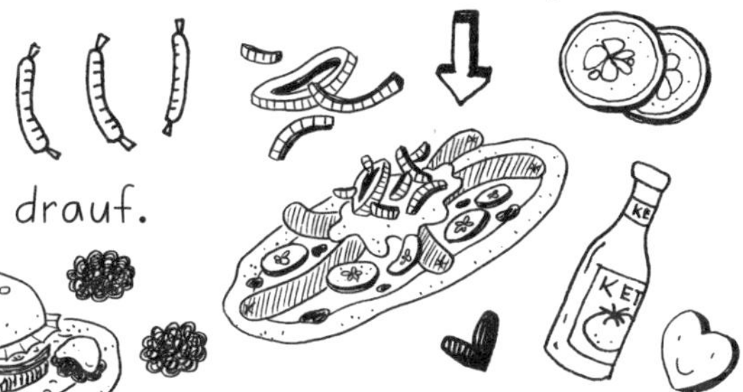

Cheyenne hat sich eine **HAMBURGER-Pizza** ausgesucht.

Außerdem haben wir **Diabolo** getrunken. Das ist Zitronenlimonade mit Sirup drin. Ich hatte Pfefferminzsirup und Cheyenne und Amelia Erdbeersirup. Deshalb war meiner grün und die anderen beiden rot. **Cool!**

Als das Essen dann kam, hat Olivia stirnrunzelig auf Papas Teller geguckt und den Kopf geschüttelt.

Du weißt ja wohl nicht mal, was Früchte sind.

Sie hat streng mit einem Pommes gewedelt.

In Wirklichkeit ist das nämlich Obst! Mangos und Kiwis und Himbeeren!

Papa hat aber so getan, als hätte er sie nicht gehört. Er hat nur **Bonapeti!** oder so gesagt und dann hat er eine Krebsschale geknackt.

Da ist mir voll die Gänsehaut den Rücken runtergelaufen.

Aber die Pizza war **voll gut**. Ich glaub, ich muss Rémi mal eine Postkarte schreiben und ihm sagen, dass sein **FRANKREICH echt** schön ist!

Als wir nach dem Essen zu den Autos gegangen sind, hat Papa ganz geheimnisvoll getan.

Und übermorgen werden wir schon wieder ausgehen, zur großen **Silvester-Piratenparty** in der alten Festung von Brest. Mit einem Feuerwerk in den französischen Nationalfarben zu Ehren des vierhundertsten Geburtstags von *Malo*, dem **SCHLECHTEN!**

Hä? hat Cheyenne gemacht und mich fragend angeguckt. Aber ich wusste auch nicht, wovon Papa sprach.

Du bist ein Lüger hat Olivia dann geknurrt.

Weil, nämlich, so alt werden ja nicht mal Riesenschildkröten.

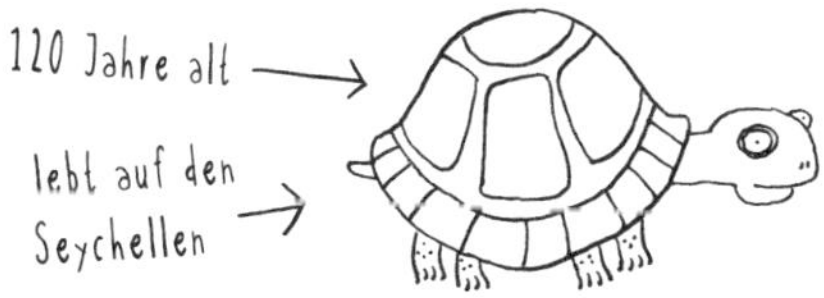

Außerdem ist Feuerwerk voll schlecht für die Umwelt und viele Tiere haben Angst davor hab ich erklärt. Zum Beispiel Hunde.

Cheyenne hat genickt. Genau.

Da hat Papa nichts mehr gesagt.

Wir sind nur noch in die Autos gestiegen. Aber während der Fahrt haben Cheyenne und ich darüber gesprochen, dass wir zu Silvester auf **keinen Fall** ein Feuerwerk haben wollten.

Was soll das überhaupt sein, eine Brestung? hat sie geknurrt.

Als wir danach im Dunkeln rein-gegangen sind, bin ich wieder über irgendwas gestolpert. Es war klein und weich. Und nicht Heesters.

SAMSTAG, DER 30. DEZEMBER

Heute haben wir allen am Frühstückstisch **UNSEREN PLAN** vorgestellt. Den hatten Cheyenne, Amelia und ich gleich nach dem Aufstehen ausgearbeitet, oben im Turm. Und sogar Olivia hatte ihn unterschrieben:

- Wir feiern Silvester in unserem Haus.
- Mit richtigen **Silvestersachen:**
  - wie zum Beispiel Berlinern (Krapfen)
  - und Wunderkerzen
  - und Wachsgießen.
- **Und OHNE Feuerwerk!!!**
- Weil das schlecht für die Umwelt und für Tiere ist.

Lotta
Cheyenne
Amelia
Olivia

Ich glaub, Papa war verwirrt. Jedenfalls hat er so komisch mit den Augen geblinkert.

Aber ich dachte, ihr freut euch auf eine große Party.

Dabei hat er Cheyenne angeguckt.

Mit süßen Jungs.

Mama hat gekichert.

Oh Mann, MAMA!

Jetzt hat Cheyenne natürlich auch verwirrt mit den Augen geblinkert.

Da hab ich mich schnell eingemischt.

Wir wollen es aber lieber hier schön zusammen haben. Weil wir doch alle am dritten Januar schon wieder nach Hause fahren müssen.

Leider stimmte das.

Amelia hat auch voll traurig geguckt.

Und dann dauert es wahrscheinlich ganz lange bis zum nächsten Treffen.

Da haben unsere Eltern erst mal geschwiegen und nur ein paar Blicke ausgetauscht.

Endlich hat Papa sich geräuspert und den Mund geöffnet. Doch Olivia war schneller.

Bernt hat Angst vor Feuerwerk

hat sie erklärt und ihn warnend angefunkelt.

Da hat Heidi ihr eine Hand auf den Arm gelegt. Am besten, wir sprechen heute Abend noch mal darüber. Ganz in Ruhe.

Das war eine gute Idee, fand ich.
Und zwar weil wir heute nicht viel Zeit zum Frühstücken hatten. Schließlich wollten wir gleich danach zum großen **Aquarium** in Brest!

Olivia hat in ihr **VEGEMITE**-Brot gebissen.

Bernt will mitkommen hat sie dann mit verschmiertem Mund erklärt.

Bernt kann aber nicht mitkommen. Cheyenne hat grinsend den Kopf geschüttelt. Weil, da gibt es Haie und die fressen so einen Hamster mit einem Happs auf.

Olivia hat sie **böse** angeguckt. Du bist dumm. Da ist doch Glas davor.

Jetzt hat auch Papa gegrinst. Dann nimm deinen Bernt doch einfach mit.

Wahrscheinlich hat er nicht geglaubt, dass es ihn wirklich gibt. Aber ich war mir da nicht so sicher.  Jedenfalls hab ich gehofft, dass Bernt keine Ratte ist.

Zum **Aquarium** mussten wir ungefähr eine Stunde fahren. Es lag neben einem großen Hafen und bestand aus lauter weißen Gebäuden mit komischen Formen.

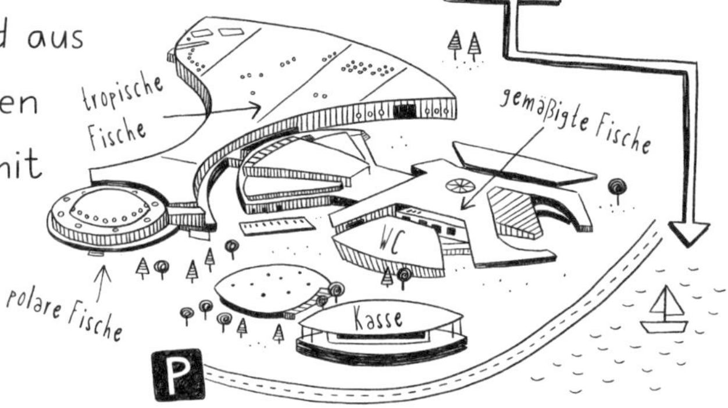

Wow! hat Simon begeistert gerufen, als wir aus dem Auto gestiegen sind.

Voll der Weltraumbahnhof!

Und da drüben ist der **MILLENNIUM-FALKE.**

Jakob hat auf das größte der Gebäude gezeigt.

Den müssen wir von den feindlichen **FISCH-ALIENS** befreien.

Aye, aye, Officer Jack.

Simon hat so getan, als würde er eine unsichtbare Weltraumpistole aus der Jackentasche ziehen.

Brauchst du den hier? hat Olivia gefragt und ihm ihren Plastiksäbel gegeben.

Dann hat sie selbst ihren Bumerang  aus dem Gürtel gezogen und die drei haben sich vorsichtig an das Kassenhäuschen rangeschlichen.

Ich hab mich voll auf das **Aquarium** gefreut. Und zwar weil wir schon aus dem Internet wussten, dass es **riesengroß** war.

Cheyenne hat gestrahlt und so trippelige Schritte gemacht vor lauter **Aufregung**.

Tropische Fische und polare Fische und gemäßigte Fische.

Amelia hat gekichert.

Was sind denn gemäßigte Fische?

Das wusste ich.

Solche, die zum Beispiel hier in der **BRETAGNE** leben. Also nicht da, wo es total heiß oder kalt ist. Die normalen Fische eben

hab ich erklärt.

Die langweiligsten Fische

hat Cheyenne behauptet und gegiggelt.

Die grauen, die immer nur schwimmen und glotzen.

Da mussten Amelia und ich lachen.

Es war einfach TOLL, dass wir ZUSAMMEN HIER waren!

Papa hat allerdings nicht gelacht. Er ist sogar ein bisschen **blass** geworden. Weil er nämlich die Eintrittskarten bezahlt hat.

Dabei sahen die Karten voll schön aus. Auf meiner war ein Bild von einem süßen Seehundbaby.

Sofort ist mir voll **kribbelig** im Bauch geworden. Was ist bei euch drauf?

Ein Pinguin. Cheyenne hat gegrinst. Mit gelben Haaren an den Ohren.

Ich habe einen gemäßigten Fisch hat Amelia gekichert und da mussten wir alle schon wieder lachen.

Drinnen
sind wir als Erstes in eine Halle mit ein paar **riesigen Walen** gekommen. Die waren allerdings nicht echt, ein paar hingen sogar an Stangen von der Decke runter.

Olivia hat ihren Arm in das Maul eines Orcas gesteckt und **Aaah! Au!** geschrien

und Simon hat ihn mit dem Plastiksäbel bedroht.

Du bist erledigt, Füscherianer!

Los, kommt, wir gehen lieber zu den echten Fischen

hab ich vorgeschlagen.

Aber da hat Papa mit den Händen gewedelt.

Noch eine Sache, bevor wir gleich loslaufen. Hallo, alle zuhören!

Dabei hat er Olivia **streng** angeguckt.

Falls jemand verloren geht: Genau hier treffen wir uns wieder. Beim Orca. Habt ihr das verstanden?

Wir sind ja nicht blöd hat Olivia erklärt. Dann sind wir losgegangen und sie ist sofort verloren gegangen. Allerdings ist niemand zurück zum Orca gelaufen.

Das war auch nicht nötig, weil wir Olivia schon am **Seehundbecken** wiedergefunden haben. Das Becken lag draußen zwischen ein paar Gebäuden und man konnte den Seehunden von oben beim Schwimmen zugucken. Einer ist sogar auf einen Felsen direkt vor uns gehüpft und hat uns angeguckt. Süß! hat Cheyenne gehaucht.

Warum hast du nasse Füße? hat Heidi Olivia gefragt. Aber die hat nur in ihre Hände geklatscht und gequiekt wie ein Schwein.

Ich bin eine Seerobbe hat sie gesungen.

Anschließend haben wir uns den Rest des **Aquariums** angeguckt. Ich glaub, es gab hier fast **alle Fische der Welt**:

- Seepferdchen und Tintenfische
- Schildkröten und Quallen
- Hummer und Krebse
- Haie und Rochen
- große und kleine
- graue und bunte

Nemo und Dori! hat Cheyenne begeistert gequietscht, als wir bei den **tropischen Fischen** waren.

Doch als wir an dem riesigen Becken ankamen, in dem ein paar Haie langsam ihre Runden gedreht haben, hat Cheyenne nicht mehr gequietscht. Es gab hier so Sitzreihen wie im Kino und wir sind immer weiter nach unten gegangen bis direkt an die Scheibe ran. Von da aus konnten wir einem großen **Hai** direkt ins Maul gucken.

Cheyenne hat die Schultern hochgezogen und sich geschüttelt. Es war wirklich ein bisschen **GRUSELIG.** Von oben fiel Licht ins Aquarium und der Hai ist über unseren Köpfen durchs Wasser geschwebt, vorbei an Felsen und kleineren Fischen.

Wisst ihr, wie der heißt? hat Papa gefragt und mir eine Hand auf die Schulter gelegt.

Hä, Papa? Was war denn das für eine komische Frage?

Haino?

hab ich geraten.

Einen Augenblick lang war nur das Gemurmel der anderen Leute zu hören. *blablubbermurmel*

Doch dann haben Cheyenne und Amelia angefangen zu giggeln wie verrückt. Haino, der Hai!

Das ist ein Sandtigerhai hat Papa erklärt und seine Stimme hat sich ein bisschen stinkig angehört.

Hör auf, gegen die Scheibe zu klopfen, Simon.

Pch – pch – pch! hat Jakob in diesem Moment gemacht. Feindliches Hai-U-Boot vernichtet.

Dann hat er gegen seinen Zeigefinger gepustet.

HAHAHA

HA! HA!

HAINO

Cooler Sänger der Haie

lebt in einer ~~Sweet~~ Suite für Rockstars im Ozean

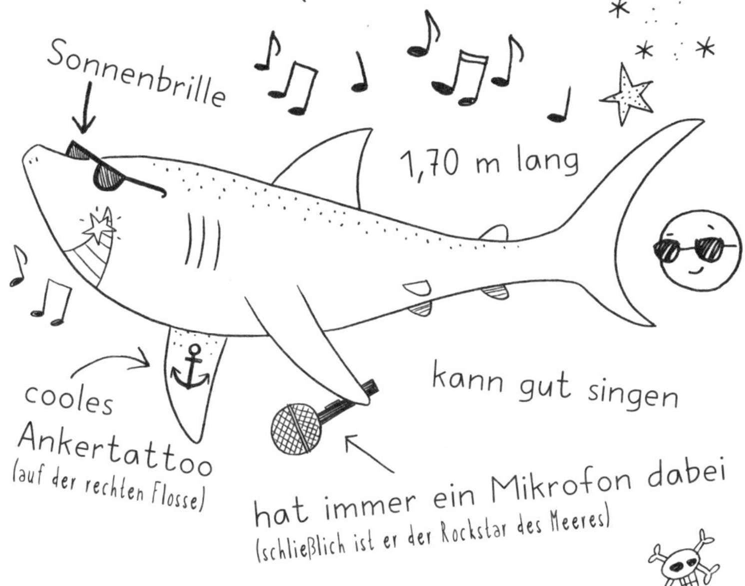

HAHAHA!

Das mag ich: coole Sounds (am liebsten Heavy Metal und Schlager), Fans meiner Musik

Das mag ich NICHT: auf dem Trockenen sitzen, kratzige Pullover

Idee Haino und Text: Hannah

HAHAHA!

Im **polaren Pavillon** gab es Pinguine, die pfeilschnell hinter einer langen Scheibe entlang gezischt und dann mit einem Satz an Land gehüpft sind, auf so Eisberge.

Cool

hat Cheyenne gehaucht. Ich hab ein bisschen gefröstelt, weil es in dem Becken voll kalt ausgesehen hat.

Die sind bestimmt nicht echt.

Wer? Die Pinguine?

hat Amelia gekichert.

Da musste ich auch kichern.

Nein, die Eisberge.

Das sind ja auch feindliche Roboter-Pinguine. Die müssen wir alle außer Gefecht setzen

hat Simon erklärt.

Und dann hat Jakob wieder pch – pch – pch gemacht.

Oh Mann, Blödbrüder!

Als Nächstes sind wir an einem **Streichelbecken** vorbeigekommen. Das ist so was wie ein Streichelzoo, nur mit Plattfischen und Krebsen drin. Und sogar mit kleinen Haien und Rochen!

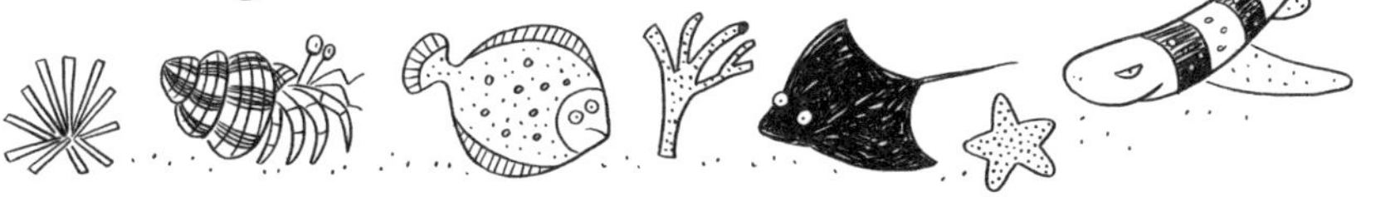

Jakob, Simon und Olivia haben natürlich gleich ihre Hände reingesteckt. Sofort waren Olivias Ärmel bis zu den Schultern NASS.

Ich hab nur zugeschaut, zusammen mit Cheyenne und Amelia. Und zwar weil da bestimmt auch **SCHLEIMIGE SACHEN** im Becken waren, die ich nicht anfassen wollte.

Guckt mal! Gerade steckt ein Axolotl seinen Kopf aus dem Wasser!

Amelia hat gelacht. Was ist denn ein Axolotl?

Also, so genau wusste ich das auch nicht. Aber ich fand trotzdem, dass das Tier wie ein AXOLOTL aussah.

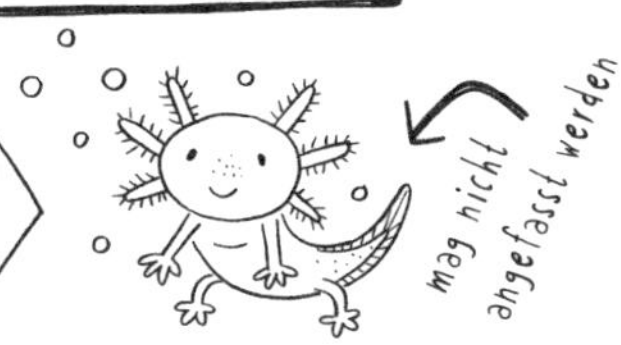

Süß hat Cheyenne gehaucht.

Im selben Moment hat Jakob angefangen zu brüllen und ist weggesprungen.

Er ist von einem Bein aufs andere gehüpft wie Rumpelstilzchen. Und zwar weil er einen Krebs am Finger hängen hatte. Der hat sich mit seinen Scheren dort festgehalten und ihn gekniffen.

Simon hat gelacht.

Aber dann hat er ebenfalls gebrüllt und ist weggesprungen. Weil auch an seinem Finger ein Krebs baumelte.

Da wollte ich erst recht **keine Hand mehr** ins Wasser stecken.

Ansonsten war das **Aquarium** aber sooo **TOLL!** Am Ende gab es auch noch einen **Shop**, in dem wir uns alle was aussuchen durften. Boah, war das schwer. **Weil es so viele schöne Sachen gab!**

Aber schließlich hat Cheyenne sich für einen Becher mit einem Pinguin drauf entschieden und ich hab einen Delfinbecher genommen. Damit ich mich für immer und ewig an die Delfine von gestern erinnern kann.

Amelia wollte ein Buch über Piraten in der Bretagne haben.

Hä? hat Cheyenne gefragt. Kannst du etwa Französisch?

Das ist auf Englisch hat Amelia erklärt.

Cheyenne hat immer noch komisch geguckt, aber da hab ich sie daran erinnert, dass meine Cousinen ja in **AUSTRALIEN** leben.

Sie hat mit den Schultern gezuckt.

Ich dachte, da spricht man Australisch

hat sie gemurmelt und sich auf den Pinguin auf ihrem Becher konzentriert.

Und dann sind wir zum **AUSGANG** gegangen.

SAMSTAG, DER 30. DEZEMBER. Abends

Nach dem Abendessen haben wir im Haus Verstecken gespielt. Und zwar hat immer einer von uns **Panda** versteckt und die anderen mussten ihn suchen.

Das ist wie bei Hänsel und Gretel

hab ich gekichert, als die Jungs gerade mit Verstecken dran waren.

Man muss bloß der Spur aus Styroporkügelchen folgen, die aus seinem Po rieseln.

Wir haben im Wohnzimmer vor dem Kamin gesessen und darauf gewartet, dass wir suchen durften. Es hat bestimmt fünf Minuten gedauert, bis meine **Brüder** endlich die Wohnzimmertür aufgerissen haben.

Sofort ist Olivia aufgesprungen und rausgerannt. Cheyenne, Amelia und ich sind hinterhergegangen und haben die Tür wieder zugemacht.

In der Eingangshalle war es viel kälter als im Wohnzimmer und auch dunkler. Nur in den

schmalen Fensternischen stand jeweils eine von diesen Kerzen mit Batterie, die so künstlich flackern.

Amelia hat gegrinst und auf die unterste Stufe gezeigt.

Da wollte ich natürlich sofort hochlaufen, aber leider bin ich gestolpert. Diesmal allerdings nicht über Bernt, sondern über die Kante vom dünnen Teppich auf dem Steinboden.

Und dann bin ich voll aufs Knie gefallen.

He, was is'n das? hat Cheyenne gerufen.

Ein blöder Teppich! hab ich geschimpft. Menno.

Nee, ich mein das da drunter. Sieht aus wie eine Holzklappe.

Sie hat den Teppich noch ein Stück weggezogen.

Was? Ungefähr drei Sekunden später hat auch Amelia neben uns auf dem Boden gehockt. Einen Augenblick lang hat keiner was gesagt.

Der Schatz des *Piraten*! hat meine Cousine dann geraunt, während ich mir mein Knie gerieben hab, weil das ein bisschen wehtat.

Gefuuuunden! hat Olivia in diesem Moment von oben gerufen. War voll einfach!

Gar nicht hat Simon im ersten Stock gemurrt.

Es macht überhaupt keinen Spaß, mit Olivia zu spielen hat Jakob geschimpft.

Amelia hat sich zur Treppe gedreht.

Kommt schnell runter! Wir haben hier was viel Spannenderes als **Panda!**

Nur eine halbe Minute später hockten wir dann zu sechst um die Falltür herum. Sie war aus schwarzem Holz und hat uralt ausgesehen.

An einer Seite war ein schwerer dunkler Metallring.

Olivia hat die Schatzkarte aus ihrer Jeanstasche gezogen. Schnell hat sie das Blatt Papier auseinandergefaltet, das schon ziemlich zerknittert war.

Ha! Da hat jemand ein Kreuz hingemalt ... genau da! ✖

Sie hat auf die Karte gezeigt

– und dann auf die Klappe.

Ich hab ein bisschen gekichert, weil mir plötzlich voll **gluckerig** im Bauch war.

Und ich dachte, das sei Bernt.

hihihi

Ach was, das ist doch bloß 'ne zerquetschte Mücke hat Cheyenne nach einem fachmännischen Blick auf die Karte festgestellt.

Dann haben wir wieder auf die Falltür gestarrt.

Und wer macht die jetzt auf?

Olivia ist aufgesprungen und hat damit angefangen, am Ring zu rumzuzerren. Aber die Klappe war zu **schwer** für sie.

Auch Amelia ist jetzt aufgestanden.

Und dann haben sie und Cheyenne zusammen gezogen.

Erst hat die Falltür ein bisschen geklemmt, aber plötzlich ist sie mit einem **RUCK** aufgegangen.

Sie hat **gequietscht** und geknarrt, bevor sie gegenüber auf den Steinboden gekracht ist.

Von unten waberte voll der **MUFFELIGE GERUCH** hoch. Ansonsten war es stockdunkel.

»BÄH!«, hat Simon gemacht und sich die Nase zugehalten.

Auch Jakob hat sich beide Hände aufs Gesicht gepresst. »Da liegt bestimmt ein toter Pirat drin.«

»Ich mach mal Licht an.« Olivia ist rüber zur Haustür gehüpft und hat auf den Lichtschalter gedrückt.

Mit einem Mal war es im ganzen Raum hell, aber im Loch am Boden konnte man immer noch nicht viel erkennen. »Da sind Stufen.« Amelia hat sich vorgebeugt und die Taschenlampe an ihrem Smartphone eingeschaltet.

Der Raum unter uns war klein und niedrig. Und er war fast leer. Fast. Unten an der Holztreppe stand nämlich ...

← eine **Holzkiste!**

Da! hab ich gejapst.
Der Schatz des Piraten!

Es gab ihn also wirklich!

Ich geh mal runter.

Schon ist Olivia die Stufen hinabgeklettert wie ein Äffchen.

Wir anderen lagen auf dem Bauch und haben von oben zugeguckt. Unten wäre sowieso nicht genug Platz für uns alle gewesen.

Kriegst du sie auf?

hat Cheyenne atemlos geraunt.

Nee tönte es von unten. Warte mal ... doch!

Inzwischen leuchteten schon drei Handytaschenlampen auf Olivias Hut. Wir konnten trotzdem nicht viel erkennen, weil sie die Kiste verdeckte. Dann hat sie den Deckel geöffnet ...

Boaaah!

Was? haben wir alle gerufen.

Olivia hat sich zu uns umgedreht und mit ein paar roten Stangen gewedelt. Dynamit! hat sie begeistert gequietscht.

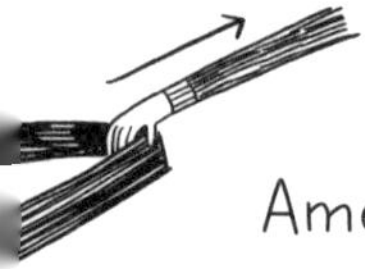

Ungefähr fünf Sekunden später hatte Amelia ihre kleine Schwester am Gürtel aus dem Loch rausgezerrt. Lass die los! hat sie gerufen und da hat Olivia die Stangen auf den Boden geworfen.

Wir haben uns geduckt und die Luft angehalten.

Aber nichts ist passiert.  Und zwar weil es bloß ein paar Silvesterböller waren, von denen sich vor lauter Feuchtigkeit schon das Papier löste.

Made in China hab ich gelesen. Puh.

Anschließend sind Jakob und Simon in das Loch im Boden geklettert und haben alles hochgeholt, was sie in der Kiste gefunden haben.
Dabei haben sie ständig so was wie krass und siuuu gerufen. In der Kiste waren nämlich:

Wow! hat Amelia begeistert gerufen.
Die Kleiderkiste von *Malo*, dem **SCHLECHTEN!**

Und dann hat sie ein **weißes Hemd mit flatterigen Ärmeln** angezogen.

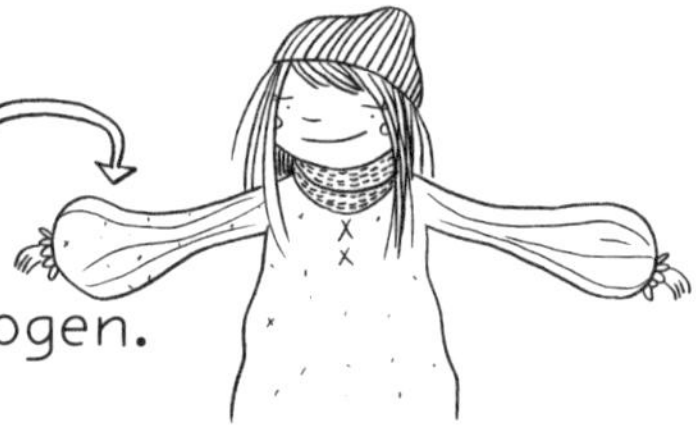

Cheyenne hat auch ein paar alte Klamotten anprobiert, und zwar solche mit **Rüschen und Schnallen** dran.

Trotzdem wusste ich nicht, ob wir wirklich die Sachen des *Piraten* gefunden hatten – oder bloß eine alte Verkleidungskiste.

Weil es früher ja noch gar **keine Silvesterböller aus China** gab, oder?

Auch die Schwerter, mit denen Jakob und Simon gekämpft haben, sahen irgendwie nicht echt aus. Außerdem sind sie fast zerbröselt vor Rost.

Kommt, wir besuchen unsere Eltern! hat Amelia dann begeistert gerufen. Sie hat sich das Fernrohr vors Auge gehalten. Ich glaub, es war aus Plastik.

Aber da hab ich Nein, wartet mal gesagt. Und zwar weil ich gerade in diesem Moment voll die **gute Idee** hatte!

Passt mal auf … Und dann haben wir unsere Köpfe zusammengesteckt und geflüstert.

Anschließend haben wir alle Sachen in der großen Truhe an der hinteren Wand versteckt.

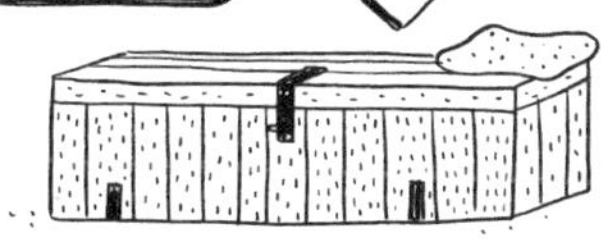

Danach sind wir zu unseren Eltern ins Wohnzimmer gegangen und haben gefragt, ob sie schon über unseren **PLAN** nachgedacht hatten. Wegen **SILVESTER**.

Wir möchten euch nämlich einen Vorschlag machen

hat Amelia erklärt.

Einen coolen haben meine **BRÜDER** gesagt und sich verschwörerisch angezwinkert.

Olivia hat auch gezwinkert.

Einen, der mit *Piraten* zu tun hat.

Pssst haben wir alle gemacht.

Dann hab ich schnell weitergesprochen.

Wir haben uns nämlich gedacht, dass wir alles vorbereiten. Also, wir Kinder. Ihr braucht euch um nichts zu kümmern. Auch nicht ums Essen. Außer, äh, einer von euch müsste uns morgen noch mal zum Supermarkt fahren.

Und zwar zum Bezahlen.

Olivia hat Papa mit ihrem Schwert bedroht.

Da haben unsere Eltern uns erst mal nur angestarrt und nichts gesagt. Aber dann haben sie angefangen, miteinander zu murmeln. Solche Sachen wie Ja, warum eigentlich nicht und

Und dann haben sie JA gesagt. Alle vier.

Mama ist sogar vom Sofa aufgestanden, so lächelnd, und hat mich an den Schultern angefasst. Na, da sind wir ja gespannt.

Das konnte sie aber auch sein. Weil wir voll die guten Ideen für eine richtige FAMILIENPARTY hatten – und das ganz ohne Feuerwerk.

SONNTAG, DER 31. DEZEMBER

SILVESTER! Endlich!

Ich war schon morgens voll **aufgeregt.** Weil Silvester ja sowieso immer voll aufregend ist. Und diesmal würde es noch besonderer werden als sonst.

Nach dem Frühstück sind Amelia, Cheyenne und ich mit Tom zum **Einkaufen** gefahren.

Aber du darfst nicht gucken, was wir in den Einkaufswagen packen. Am besten, du gehst so lange in die Drachenabteilung hab ich ihm gesagt.

Tom hat die Hände vors Gesicht geschlagen, aber dabei hat er gelacht.

Und dann ist er weggegangen und wir haben den Einkaufswagen vollgepackt mit allen Sachen, die man für Silvester braucht. Ein paar Dinge gab es zwar nicht, aber dafür haben wir eben andere genommen.

Um kurz vor zwei hat unser SILVESTER-PROGRAMM auch schon angefangen. Cheyenne, Amelia und ich haben aus der Küche ein paar Flaschen und Gläser für alle geholt.

Und dann gab es für jeden erst mal einen Diabolo. Die hatten lauter unterschiedliche Farben, weil wir nämlich nicht nur Erdbeer- und Pfefferminzsirup gekauft hatten, sondern auch Pflaume, Mango und Cola.

Cheyenne hat auf ihrem Smartphone Musik angemacht und plötzlich war voll die PARTY im Wohnzimmer.

Nanu hat Papa sich gewundert.
Ist denn schon Mitternacht?

Aber es war wirklich schon **MITTERNACHT!**

Und zwar in **AUSTRALIEN.**

tenn nain äijt säven six faif foa frie tuu wonn siro

Deshalb haben wir auf Englisch von zehn bis null gezählt und dann **HAPPY NEW YEAR!** gerufen,

bevor wir miteinander angestoßen und uns alle umarmt haben.

UMPF **UMPF**

Anschließend hat Cheyenne ihre Musik noch lauter gedreht und dazu getanzt.

UMPF

Leider hatte ich das Gefühl, dass Papa seinen Pflaumen-Diabolo nicht besonders gerne mochte. Dabei mag er Pflaume sonst eigentlich immer. Aber er hat so komisch mit einem Auge gezuckt.

Egal.

Und jetzt feiern wir eine *Piratenparty*, bis Mitternacht! hab ich laut gerufen. Das wolltet ihr doch, oder? Und hier im Haus geht das genauso gut wie in der Festung. Jeder verkleidet sich als *Pirat*!

Olivia hat genickt. Und dann machen wir lauter *piratige* Sachen!

Tom war begeistert. Tolle Idee! Letztes Jahr zu Silvester hatten wir auch eine Mottoparty. Aber da mussten wir uns als Kängurus verkleiden ...

Die anderen Erwachsenen haben gelacht. HAHA!

Währenddessen haben Cheyenne und Amelia die Schatzkiste auf den Couchtisch gestellt und angefangen, die Sachen zu verteilen.

In der Kiste war sogar eine Perücke mit Zopf.

Allerdings hat Papa etwas komisch geguckt, als ich ihm die aufgesetzt hab.

Vielleicht, weil sie ein bisschen nach Muff gerochen hat.

Sogar **Panda** hat eine Augenklappe gekriegt. Die konnte man allerdings nicht so gut erkennen, weil er ja sowieso schwarz um die Augen ist.

Danach hat Jakob Simon mit einem Schwert gehauen und der hat zurückgehauen.

Und Tom hat Arr! gemacht und Papa **Dusch dich!** gerufen. Glaub ich jedenfalls.

Amelia hat gekichert. Typisch Jungs. Aber wirklich!

Nach so ungefähr fünf Minuten fand ich, dass es genug war mit Kämpfen. Jakob und Simon haben nämlich schon geheult und sich bei **MAMA!** beschwert und **Panda** war vor lauter Kämpferei vom Stuhl gefallen.

Deshalb hab ich in die Hände geklatscht und gerufen:

Zeit für den nächsten Programmpunkt. *Piratenspiele!*

Und dann haben wir den ganzen Nachmittag gespielt:

- Blinder *Pirat* (mit zwei Augenklappen)

- Ich packe meine *Schatzkiste*
- Reise nach *Jamaika*

- Verfaulte-Schokolade-mit-Würmern-drin-*Wettessen*

- und *Piratenmaler*

  (da musste immer einer was Piratiges auf einen Zeichenblock malen und die anderen mussten raten, was das ist)

Bernt! haben wir alle gerufen,
als Olivia dran war, aber
da ist sie **böse** geworden.

Gar nicht! Das ist ein Papagei!

Und dann hat sie ihr Blatt
zerrissen und
wollte nicht
mehr spielen.

Das war aber nicht schlimm, weil jetzt sowieso
der nächste Programmpunkt dran war.

Wir haben an alle **Zettel** verteilt.

Darauf schreibt ihr eure
Wünsche fürs nächste Jahr

hat Amelia erklärt,
obwohl das Ganze
meine Idee gewesen war.

Piratige Wünsche? Heidi hat gegrinst,
aber ich hab gesagt, dass es jetzt
um **echte Wünsche** geht.

Danach wurde es erst mal ruhig, was auch angenehm war.

Nur Jakob hat leise gekichert.

Ich wünsche mir, dass Frau Kackert auf'm Klo ...

Aber da haben wir alle **Psssst!** gemacht. Weil man ja nichts verraten darf.

Anschließend haben wir unsere Wünsche dann nacheinander in den Kamin geworfen. **Das ist wichtig**, damit sie auch in Erfüllung gehen.

Ich hab versucht, meine Wünsche ganz besonders feierlich zu verbrennen. Und währenddessen hab ich ganz doll an einen kleinen schwarzen Hund gedacht.

Als ich danach zu den anderen zurückgehen wollte, bin ich schon wieder über irgendwas gestolpert.

Anschließend mussten wir auch schon in die Küche, um das Abendessen vorzubereiten. Weil meine **BrüDer** und Olivia auch geholfen haben, ging es ziemlich schnell, den Tisch zu decken und alles in Schüsseln und auf Tellern zu verteilen.

Ein paar Sachen mussten wir vorher noch aufbacken.

DUMPF DUMPF ♩ ♪ ♫ ♪ ♫ ♪ DUMPF ♩

Und dann hat Cheyenne so eine festliche Musik angemacht und wir haben eine Schüssel nach der anderen ins Wohnzimmer getragen. Auf jedem Essen war oben eine Wunderkerze drauf und hat geknistert und gefunkelt.

Papa hat trotzdem irgendwie unzufrieden aus-gesehen, aber es geht ja nicht immer nur um ihn. Die anderen haben jedenfalls im Takt der Musik geklatscht. DUMPF DUMPF DUMPF

Schließlich stand der Tisch voller leckerer Sachen. Bevor wir angefangen haben zu essen, hat Amelia sich vor unseren Eltern verbeugt wie ein Diener.

Und da sind alle an den Tisch gekommen und ich war ganz schön stolz auf unser Essen, weil das echt total **FRANZÖSISCH** war:

- ein paar **BAGUETTES**

- **SCHMELZKÄSEDREIECKE** (die mit der lachenden Kuh drauf) in verschiedenen Geschmacksrichtungen

- **QUICHES** und **TARTELETTES** aus der Tiefkühltruhe (aufgebacken)

- **CRÊPES** mit Spekulatiussoße

- **CRÈME BRULÉE** (so ein gebackener Pudding)

- **MACARONS** (bunte Baisertörtchen)

- **DIABOLO** in ganz vielen Farben

- und noch viel, viel mehr! Der ganze Tisch war voll.

Haben wir denn nachher auch Sekt zum Anstoßen?

hat Heidi gefragt, dabei sind wir ja gar nicht alt genug, um Sekt zu kaufen. Außerdem hatten wir den einfach vergessen.

Und Fleisch? Papa hat ganz vorsichtig über den Tisch geguckt. Als hätte er Angst, dass irgendwas von den Essenssachen beißt.

Olivia hat ihn streng angeguckt.

Fleisch ist schlecht für Tiere, weil, die sterben davon hat sie dann erklärt.

Da hatte sie voll recht.

Aber Papa hat nur geseufzt und so ausgesehen, als wüsste er nicht, was er essen sollte.

Zum Glück hat sich niemand von Papa die Laune vermiesen lassen. Es standen ja auch wirklich **nur leckere Sachen** auf dem Tisch, was bei uns nicht so oft vorkommt.

Echt, so gut hatten wir nicht mehr gegessen, seit wir an meinem Geburtstag im Juni Stockbrot und Marshmallows gegrillt haben!

Deshalb waren wir anschließend auch alle pappsatt. Aber wir hatten ja noch einen wichtigen Programmpunkt: **Wachsgießen!**

Dazu hatten wir eine Kerze klein geschnitten.

Hoffentlich gieß ich was Schönes mit Liebe hat Cheyenne gewispert.

Doch als Erste war Olivia dran.

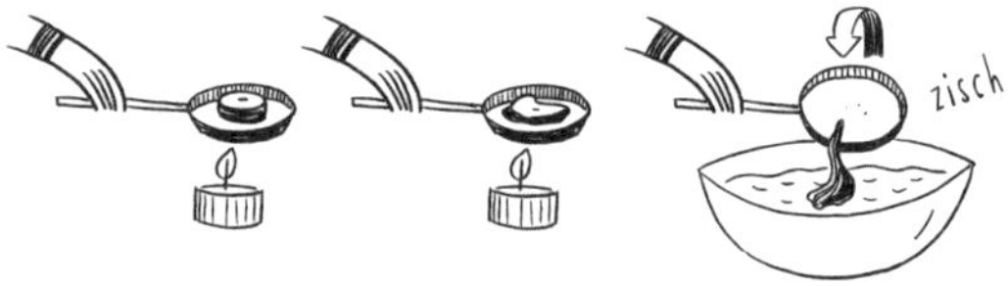

Als sie ihr Wachs fertig gegossen hatte, hab ich fachmännisch in die Wasserschüssel geguckt.

Fische. Oder Kaulquappen.

Selber Kraulkrappen! hat Olivia geknurrt.

Ich hab auf den Zettel geguckt, auf dem alles erklärt war.
Bei Fischen stand:

Sie haben Glück im Spiel.

Da hat Olivia wieder zufrieden ausgesehen. Na klar. Weil ich ja auch am besten bei MEMORY bin, deshalb.

Und dann haben wir einer nach dem anderen Wachs gegossen. Aber irgendwie wurde es immer *langweiliger*. Und zwar weil bei **allen** immer nur **Fische** rauskamen.

Menno! Ich will einen kleinen Hund!

hab ich gejammert. Doch egal, wie viel Mühe wir uns gegeben haben:

Jedes Mal waren es wieder Fische. Oder Kaulquappen.

So langsam war es aber sowieso schon fast MITTERNACHT und wir mussten uns um die Getränke zum Anstoßen kümmern. Deshalb sind Cheyenne, Amelia und ich in die Küche gegangen und haben alle Zutaten für Diabolo aus dem Kühlschrank geholt.

„Hm", hat Amelia dann gemacht und die Limonade angeguckt.

Schon irgendwie schade, dass wir keinen Sekt für unsere Eltern haben, oder?

Das fand ich auch. Vor allem, weil sie schon seit zehn Stunden Diabolo trinken müssen.

Selbst ich hatte inzwischen echt keine Lust mehr darauf.

Und richtige Berliner gibt's in Frankreich auch nicht

hat Cheyenne festgestellt und eine der Tüten mit **Güstav** geknufft, die wir stattdessen gekauft hatten. Die waren zwar mit Schokolade und Vanillecreme gefüllt, aber sahen überhaupt kein bisschen silvesterlich aus.

Ein paar Sekunden lang haben wir überlegt, was wir machen sollen. Und dann hatte ich plötzlich

voll die gute IDEE!

Wartet mal hab ich gerufen, bin aus der Küche gerannt

und so schnell wie möglich die Treppe hoch und in unser Zimmer.

Meine Flöte steckte in einer Socke, die unter dem Bett lag.

Meine **indische** Blockflöte, mit der man alles Mögliche **beschwören** kann – und ganz bestimmt auch Diabolo und **Güstav!**

Es war schon fünf vor zwölf, als ich wieder unten war. Grinsend hab ich mit der Flöte gewedelt.

Cheyenne hat sich die Augen zugehalten.

Oh nee, Lotta, bloß nicht. Das geht doch nur schief ... und dann passiert wieder was **KOMISCHES.**

Doch zum Glück war Amelia optimistischer. Obwohl sie meine Blockflöte auch schon kennengelernt hatte auf der *Goldenen Hochzeit.*

Vielleicht klappt es ja diesmal.

Sie hat ihre Arme in die Seiten gestemmt.

Jedenfalls musst du dich beeilen. Wir haben nur noch vier Minuten.

Und da hab ich keine weitere Zeit verloren. Ich hab mich zur Limonade und den **Güstav** auf dem Tisch umgedreht. Dann hab ich die Augen geschlossen und angefangen, ganz l a n g s a m zu spielen. Und ganz **SCHLÄNGELIG.** Echt, es hat sich voll nach **KOBRA** angehört!

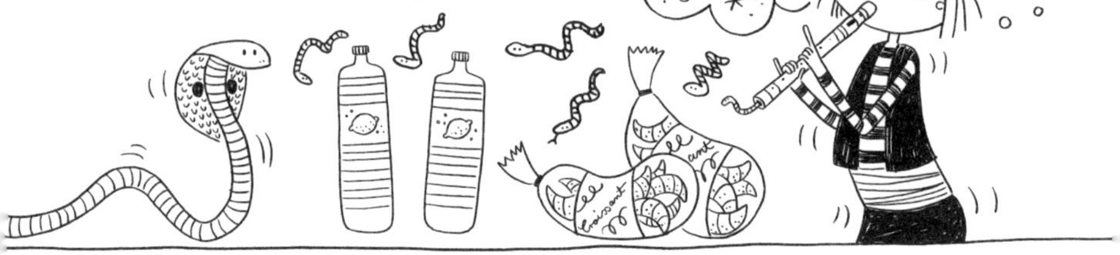

Ich hab mir total die Mühe gegeben und ganz doll an Sekt und Berliner gedacht! Mit Marmelade drin! Oder Pudding! Und für Papa Pflaume!!!

Erst als ich fast keine Luft mehr gekriegt hab, hab ich aufgehört zu **beschwören** und die Augen wieder geöffnet.

Leider haben die Limonade und die **Güstav** genauso ausgesehen wie vorher.

Aber wir hatten keine Zeit mehr. Deshalb haben wir schnell Limonade in elf Gläser gefüllt und die **Güstav** auf ein Tablett gekippt.

Dann haben wir ein paar Tropfen Mango-sirup zur Limonade gegossen, damit sie ein bisschen gelb wird. So wie Sekt.

Los jetzt hat Cheyenne gerufen. Wir haben nur noch **e i n e** Minute.

Gaaanz vorsichtig sind wir mit unseren Tabletts durch den Flur gelaufen und haben die Wohnzimmertür geöffnet.

Unsere ganze Familie stand schon vor dem Kamin.

Na endlich hat Olivia gesagt und mit ihrem Säbel gegen eins der Sofas geklopft. Daddy hat schon angefangen zu zählen. Rückwärts.

Vielleicht sollte das ein **Witz** sein. Vielleicht aber auch nicht. Deshalb haben wir schnell die Gläser verteilt. **Panda** hat auch eins abgekriegt. Und zwar weil wir uns verzählt hatten.

Was ist das? hat Simon gefragt und sein Glas vor die Augen gehalten.

Pipi?

Cheyenne hat gegrinst.

Klar, Mann. Und zwar von ...

Zehn! Neun! Acht! haben in diesem Moment alle Erwachsenen angefangen zu rufen.

Sieben!

Da ist mir plötzlich wieder voll **kribbelig** im Bauch geworden. Weil gleich ein **NAGELNEUES JAHR** anfangen würde! Hoffentlich ein richtig **gutes**.

Sechs!

Am besten eins mit **ANTON** ...

Fünf! Vier! Drei!

Cheyenne war auch ganz **hibbelig**. Sie hat mich angestrahlt.

Zwei! Eins!

PROST NEUJAHR!

Schon wieder haben wir alle gejubelt und geschrien und mit den Gläsern angestoßen.

Dann mussten wir erst mal trinken. Und zwar damit wir nicht kleckern, wenn wir uns danach umarmen. **Hm** hat Mama gemacht und irgendwie so anerkennend geguckt.

Ihr habt ja doch Sekt aufgetrieben. Prost, Heidi!

Jakob hat voll die entsetzten Augen gemacht.

So schmeckt Sekt? Wie Pipi?

Amelia hat gekichert.

Woher weißt du, wie ...?

kchrgrrrchrmpf hab ich in diesem Moment geprustet.

Ist das etwa ... Rosenkohlwasser?

Nie im Leben war das Sekt! GAAAH!

Tja, was hab ich gesagt?

Cheyenne hat gegrinst und in ein Croissant gebissen.

Du und deine komische Flö...

Dann ist sie erstarrt und
hat nicht weitergekaut. „Oh nee Senf.“
hat sie nur noch gewimmert.

HAHAHA! Da mussten wir alle lachen.

Und dann haben wir uns endlich alle nacheinander umarmt, was ziemlich lange gedauert hat.

Ein frohes neues Jahr, liebe Lotta

hat Mama mir gewünscht.

Danke, Mamalein. Dir au...

Eigentlich wollte ich noch weiterreden.
Aber genau in dem Moment hab ich **ihn** gesehen.
In der Sofaritze,
ganz kurz nur:

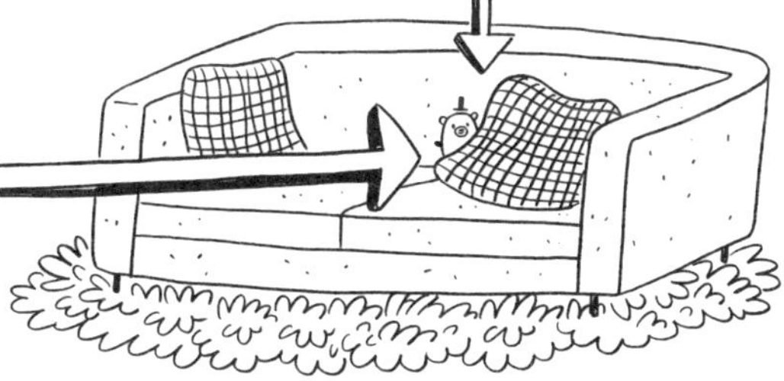

Bernt,
den Hamster.

Er hat seinen Kopf hinter einem Kissen hervorgestreckt und so süß geschnüffelt.
Dann war er wieder weg.

Oh hab ich gemacht.
Das neue Jahr begann ja gut.

Und zwar **WIRKLICH GUT.**

Plötzlich hatte ich das Gefühl, dass das ganze Jahr richtig gut wird. Wenn Pandas durch den Atlantik schwimmen und Hamster in der Sofaritze wohnen, dann ...

... dann können sich auch wachsgegossene Fische in den allersüßesten **Lieblingshund** verwandeln.

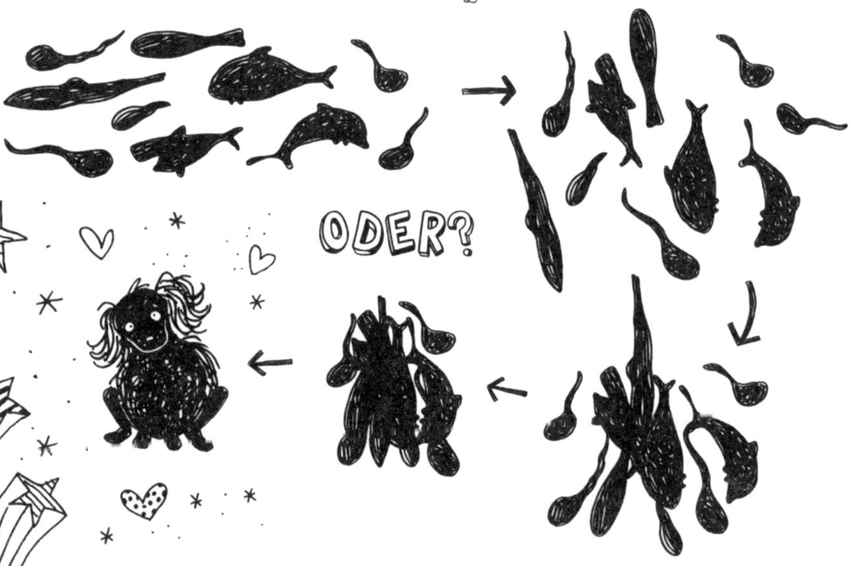

Es war ja sogar möglich, dass ich gleichzeitig mit meinen Lieblingscousinen und meiner allerbesten Freundin **zusammen feiern** konnte! Wir hatten sogar noch **zwei ganze FRANKREICH-Tage** vor uns, auf die ich mich schon total gefreut hab.

Das ist das beste Silvester der Welt

hab ich geflüstert. Und zwar weil das genauso war.

Alice Pantermüller / Daniela Kohl

Mein Lotta-Leben

Alles voller Kaninchen (Bd. 1)
978-3-401-06739-1

Wie belämmert ist das denn? (Bd. 2)
978-3-401-06771-1

Hier steckt der Wurm drin! (Bd. 3)
978-3-401-06814-5

Daher weht der Hase! (Bd. 4)
978-3-401-06833-6

Ich glaub, meine Kröte pfeift! (Bd. 5)
978-3-401-06961-6

Den Letzten knutschen die Elche! (Bd. 6)
978-3-401-06965-4

Und täglich grüßt der Camembär (Bd. 7)
978-3-401-60038-3

Kein Drama ohne Lama (Bd. 8)
978-3-401-60039-0

Das reinste Katzentheater (Bd. 9)
978-3-401-60063-5

Der Schuh des Känguru (Bd. 10)
978-3-401-60064-2

Volle Kanne Koala (Bd. 11)
978-3-401-60136-6

Eine Natter macht die Flatter (Bd. 12)
978-3-401-60137-3

Wenn die Frösche zweimal quaken (Bd. 13)
978-3-401-60332-2

Da lachen ja die Hunde! (Bd. 14)
978-3-401-60333-9

Wer den Wal hat (Bd. 15)
978-3-401-60334-6

Das letzte Eichhorn (Bd. 16)
978-3-401-60496-1

Je Otter, desto flotter (Bd. 17)
978-3-401-60504-3

Im Zeichen des Tapirs (Bd. 18)
978-3-401-60505-0

Hier taucht der Papagei (Bd. 19)
978-3-401-60652-1

Alice Pantermüller / Daniela Kohl

Florentine Blix

Die Rache des Seesterns

Ich heiße Florentine Blix, bin 13 Jahre alt und werde nach der Schule zur Kriminalpolizei gehen. Doch schon jetzt löse ich erfolgreich Kriminalfälle. Dabei helfen mir meine Freunde Maja und Bo, die sich besser mit Menschen auskennen als ich. Wie verhört man zum Beispiel Personen, denen eine Stolperfalle gestellt oder Wäsche auf der Leine angezündet wurde? Oder ehemalige Mobbingopfer? Small Talk kann ich einfach nicht – aber dafür ist mir schnell klar, dass wir einer großen Verbrechensserie auf der Spur sind. Denn der Täter hinterlässt immer ein bestimmtes Zeichen am Tatort. Irgendjemand will sich rächen, so viel ist klar. Aber wer – und an wem? Und wie soll ich in Ruhe ermitteln, wenn ich eigentlich einen noch viel größeren Fall aufklären muss: das Geheimnis um meine beste Freundin Maja?

Band 3

312 Seiten • Gebunden • ISBN 978-3-401-60748-1 • Auch als Hörbuch bei JUMBO • www.arena-verlag.de

BUH!
Berenike von Bödecker
ist total hochnäsig
Emma, Hannah, Liv-Grete
die Bande von Berenike
die Glamour-Girls
LÄMMER
unser neuer Klassenlehrer
Bernd Fellich
Sieht echt bärig aus, ist aber total nett!
die Rocker
AC/DC
55
Maurice, Finn, Timo, Benni
Tante Heidi und Tom
leben in AUSTRALIEN
Amelia
Olivia
ihre Töchter
Bernt (Hamster)
wohnt in der Sofaritze,
mag Chips mit Käse.
Panda